邏輯思考法圖解

日本邏輯思考大師
西村克己◎著

思考、書寫、談話有邏輯的35條致勝準則

柳俊帆◎譯

論理的な考え方が面白いほど身につく本

Yes有6個○以上的人，建議你，好好研讀這本書。
Yes有9個○以上的人，別遲疑了，快拿起這本書去結帳吧！

❼ 常陷入「到底要做？」、「還是不做？」的二選一困境。 Yes・No

——常不知道應該怎麼選擇，無法擺脫優柔寡斷的狀況。

❽ 無法好好傾聽他人說話。 Yes・No

——常在別人話說到一半時發問，而且常妄下結論地說：「事情就是這樣吧。」

❾ 常被說是「急性子」。 Yes・No

——不時被形容為「講話會跳來跳去的」或「跳躍式思考」。

❿ 會被說：「你的話好難懂。」 Yes・No

——常被問：「你想表達的重點是什麼？」

⓫ 不擅長寫文章。 Yes・No

——不善於寫文章，常不斷重寫，以致文書作業很難有進展。

⓬ 不到期限前一刻，就提不起幹勁。 Yes・No

——做事往往臨時抱佛腳，無法有效率地把工作做好。

你會不會「邏輯思考法」？

請回答下列問題，並在Yes或No處打〇。

❶ 被反問「為什麼？」時，很難回應。 Yes・No

——被問「什麼原因？」、「為什麼？」時，常常答不出來。

❷ 運氣好和運氣不好的狀況很極端。 Yes・No

——常認為「人生不如意事，十之八九」。

❸ 常被指責工作沒做完，或被要求重做。 Yes・No

——以為好不容易終於做完工作，卻還沒做完，甚或被要求重做。

❹ 不擅長在人前發言。 Yes・No

——在眾人面前説話時，常不知道要説些什麼。

❺ 某些時刻中事情看似順利，卻沒有更具體的進展。 Yes・No

——雖然想出很多點子，但都沒有具體實行。

❻ 一遇到新的工作，會苦於不知從何下手。 Yes・No

——遇到新的工作，或上司突然交代的工作，常找不到解決方案。

前言

本書網羅了大部份的邏輯思考方式及方法，請把它當作「思考聖經」吧！所謂的邏輯思考，就是依事物道理思考。但這不一定代表理工科出身的數理高手就很擅長邏輯思考，由某種意義上來看，他們是很擅長，但不能算是真的懂邏輯。他們或許很擅長狹義範圍的垂直思考，但遇上廣義範圍、講究整體性的水平思考就不見得了。聽我這樣說明，還不懂得何謂邏輯的人，請在本書中尋找答案吧！

本書除了介紹何謂有邏輯的思考方式及方法，還解說了將邏輯應用在「思考」、「書寫」、「談話」上的方法。

只要學會了如何邏輯思考，即使是在職場以外，日常生活中的任何場合都必定能派上用場。

希望讀者能使用本書打好基礎，踏出嶄新的一步。

二〇〇五年六月

西村克己

CONTENTS

第一章 什麼叫作「邏輯性」？

第二章

邏輯思考基本法則

CONTENTS

第三章 思考有邏輯

第四章 書寫有邏輯

第五章 談話有邏輯

進入邏輯思考前的準備

邏輯思考祕訣❶
理工科出身者的思考盲點

邏輯思考祕訣❷
逃出原地打轉的漩渦吧！

邏輯思考祕訣❸
只要是事實，就能抗戰到底！

邏輯思考祕訣❹
理工科出身者擅長寫文章？

邏輯思考祕訣❺
願意傾聽別人聲音的人

邏輯思考祕訣 1

理工科出身者的思考盲點

容易盲目躁進

我們會認為理工科出身者比較講求邏輯，然而其中的多數人都有一個缺點，就是視野較狹窄。就像潛水艇的潛望鏡，只會看到單向、小範圍的視野，所以通常無法有進一步的突破。

人為什麼容易陷入視野狹窄的想法中？「為什麼？」是邏輯思考的一部份。因為，理工科的人藉由學習數理科目，學會習慣去問「為什麼？」。在必須深入探討事物本質的時候，了解「為什麼？」是有幫助的。亦即，理工科的人在「垂直思考」方面很拿手。

應該像文科的人一樣，先概略地以大範圍思考

理工科出身的人，缺點在於不會先以大範圍、概略地水平思考，而會突然切入垂直思考。也就是說，他們常常直接跳到「解決問題」的步驟開始著手。然而，最首要的步驟，應該是把重心放在「這個問題該如何定位？」、「還有什麼其他問題？」上面。

另一方面，文科出身的人比較擅長大範圍、概略地水平思考。不過，這些人多數不知如何集中注意力，不擅長專心投入一件事的垂直思考。

在此，建議各位：「一開始先像文科的人一樣，抓住問題概略的大範圍，再像理工科的人一樣深入探討。」

邏輯思考祕訣 2

逃出原地打轉的漩渦吧！

◆不要像電腦只有 1 或 0 兩種選擇，多想想其他替代方案吧！

一直苦惱於「要做呢？」還是「放棄好呢？」的問題，老是在原地打轉，是不會有結論的。所以，陷入漩渦而苦於迷思時，不妨試著想想各種不同替代方案吧！

「做、不做」就像電腦只有 1 或 0 一樣，只有二進位思考模式。在思考的時候不要卡在二進位的 1 或 0 ，而是應該拓展視野到十進位的 0 ～ 9 。一開始先想好十個左右的替代方案，再從中選出關鍵性的方案。所以，拓展新想法、搜尋所有可能性是很重要的。

◆確實執行流程及付諸行動

無法邏輯思考的人，容易在工作時陷入見招拆招的狀態。常會在自認為工作都做完時，才發現還剩很多沒做，或得要從頭做，老是在預期外的地方被絆住。工作愈做愈多的人，幾乎都是因為缺乏邏輯思考。

想要依邏輯來完成工作，就要利用ＭＥＣＥ（P.66），思考該要付出什麼樣的行動。要是所採取的行動存在任何遺漏或重複性的話，事情永遠沒有做完的一天。所以，確立行動內容，進而建立工作的推動流程，繪製出邁向終點的攻略本。

邏輯思考祕訣 3

只要是事實，就能抗戰到底！

推測只是不定的浮萍，事實是穩健札實的根基

你曾經聽別人怎麼說就囫圇吞棗地吸收，不經思考就傳達給其他人，然後被問到：「那是真的嗎？」的時候，感到很心虛？如果真的是事實，你可以很有自信地反駁對方，但如果只是沒有根據的推測，就很難有立場，並果決地回答對方：「這就是真的！」

他人的推測只是不定的浮萍，如果單純地相信這種沒有根據的話，不算是邏輯思考。先區分事實與推測之後再來思考吧！如果一個非事實的推測再加上沒有根據的判斷，只會離實際事實愈來愈遠。當你覺得離得太遠時，趕快追根究柢，確認事實真相究竟為何。

先思考，再以自己的話說出來

推測與事實並存時，凡事應以事實為優先。並且重視自己的判斷，不要輕信他人。想讓自己活得光明正大，活得更有自信，凡事得要根據事實，先在自己腦中思考，自己思考之後再說出來。

但要注意的是，多聽別人怎麼說、多方觀察是不可或缺的。如果不能持續從生活周遭收集情報，就很容易遠離現實或事實，自以為是。當你感到迷惑的時候，可以先從觀察事實開始，自己動動腦想一想吧。

邏輯思考祕訣 4

理工科出身者擅長寫文章？

因為是理工科出身，所以不擅長？

是不是因為理工科出身，所以不擅長寫文章？並非如此。文章不合邏輯，就無法正確傳達給第三者。

或許有很多人是因為討厭國語而選擇念理工，而國語題目多數是「例文中的『這個』，到底指的是什麼？」算是一種文學性的文章謎題。解讀不易理解的文章並據以表達，所需的國語能力在商業界中不甚需要。能寫出淺顯易懂的文章才是最重要的，所以理工科的人只要抓住訣竅，也能寫出一篇好文章。

弄清楚到底要表達什麼

我因為不喜歡國語所以才選擇念理工科，當時不喜歡看書，也很不喜歡寫文章。但是現在每年都寫將近一百六十萬字的文章（相當於四千張稿紙），這都是多虧了在念理工科時被訓練出來的邏輯能力和集中注意力。

寫不出文章的原因，大多是因為不清楚到底要表達什麼。想要寫什麼都沒弄清楚，當然寫不出文章。能將想要寫的東西明確化的就是目次，先把目次作好，同時在腦子裡一一整理才能寫出好文章。

邏輯思考祕訣 5

願意傾聽別人聲音的人

懂得融會貫通的人與頑固不知變通的人

懂得融會貫通的人和頑固不知變通的人有什麼不同？其差別就在於，能否坦率地接受外部資訊。懂得融會貫通的人會接受外部資訊，以判斷自己的想法是否正確。然而，頑固不知變通的人只傾聽對自己有利的資訊，排除對自己不利的資訊。

新力（SONY）以組織自由豁達，具有彈性而聞名。我曾參加一場新力的內部會議。在不講求主從關係的場合下，部下們盡情地對部長提出公司營運的意見。如果是在其他公司，部長應該是已經氣到面紅耳赤。不過，那個部長還是以平靜的表情認真傾聽。

接收資訊之後，從現實面開始著手

會議結束後，我問部長：「讓他們那麼任意發表意見好嗎？」那個部長回答我說：「我會坦率地傾聽事實與他人意見，因為接收他們的意見。最後再決定怎麼做就是我的工作呀！」我聽了很感動。

大多數的人一旦職位變高了，就不太會去傾聽自己覺得刺耳的話。只會變成一個頑固不知變通的人，資訊不論正反，全盤接收，再由現實面著手去解決問題，這對於一個人或組織的成長是很重要的。

第一章

什麼叫作「邏輯性」？

符合邏輯，
工作與日常生活暢行無阻！

❶只要符合邏輯，就能跨出第一步
❷跳躍式思考無法完整傳達想法
❸「有道理」和「有邏輯」完全不同
❹確立主張的內容
❺結合垂直思考及水平思考
❻為什麼合乎邏輯比較好
❼從日常生活學會邏輯思考

1 只要符合邏輯，就能跨出第一步

當你正不停煩惱，而原地打轉時，先試著整理出煩惱的原因吧！

⊙擺脫不了煩惱，壓力就會不斷累積

所謂「邏輯」，就是依事物的道理思考。要是頭腦的思緒不清楚，沒有經過整理的話，就無法有邏輯地想事情。

像是茫然地苦惱著「要不要做呢？」「還是要放棄呢？」「要不要買咧？」「還是不要買好了？」時，只是在同一件事情上打轉，狀況毫無進展。以及，要是不清楚到底想怎麼做，不知道問題出在哪，對於現況的認知又很模糊，只會讓自己完全置身於苦惱的漩渦中。

腦子裡如果有太多想法和願望打轉，只會阻礙你的決策。當你要做決定時，心裡若有「要是失敗的話就傷腦筋了呀！」「這要花太多錢了！」的想法，讓你臨時踩下剎

哪些情況會讓你的思路一直停滯不前？

老是在同一個地方打轉，想不出任何解決方案

盡是不切實際的念頭，所以總是無法突破現狀

車。一下煩惱這個一下煩惱那個，將永遠無法突破現狀，時間也都平白地浪費掉。一直這樣舉棋不定，也會對自己造成心理上的壓力。最後只會說「要怎樣都好」而放棄，交由命運決定一切。

⊙依事物的道理思考，就能更有信心、更樂觀

心裡一團亂、毫無頭緒時，可以在白紙上書寫，試著整理一下，把煩惱很清楚地條列出來。寫下「我的目的是什麼？」「我想做什麼？」「我想要怎麼做？」「我的希望是什麼？」、「我要如何要求自己？」之後，你的思緒就會很有條理。

其中尤其重要的是，先弄清楚「目的」是什麼。也就是，明確地找出你的出發點。有時候你會意外地發現，很多時候，很多人都不清楚到底為何煩惱。只要確立目標，就能在整理思緒的同時，考量「為了達到目的，怎麼做較好？」例如，先提出解決問題的各種替代方案，最後再決定一個最好的。與其在「要做？」「不做？」的問題中不斷打轉，不如多去考慮有哪些其他方案可以增加解決問題的可能性。一切依理行事，你的思考能力就會有所進展，也會讓人更樂觀進取。

整理後再思考，看清問題的本質

目的
判斷
制約
原因
結果
事實
先整理清楚後
再思考吧！
判斷
制約
事實
結果
原因
目的

- 先整理思緒後再思考！
- 先將目的明確化！

問題的
本質為何？
該怎麼
找出原因？
優先順序
為何？
這樣做好了！
我想
這麼做！
我要自主性！
來想想
替代方案吧！

- 自主性地思考，將自己的想法明確化。
- 思考替代方案或設定優先順序來思考。

2 跳躍式思考無法完整傳達想法

為什麼自認思考符合邏輯，對方卻不以為然？

⊙有邏輯的人與沒有邏輯的人

凡事講求邏輯與沒有邏輯的人究竟有什麼不同？所謂的邏輯，就是按理引導出結論，視需要提出使結論正當化的論證。

許多人在他人眼中被認為毫無邏輯，卻自認「思考合乎邏輯」。為什麼自己覺得思考符合邏輯，對方卻不以為然？因為你沒提出判定事實的論證就直接跳進結論，所以傳達的訊息沒有連貫性。

即使自己覺得一切都合乎道理，但跳過論證直接切入結論只會讓對方覺得「結論一點道理都沒有」。換句話說，說話沒有條理，聽者只會覺得你「沒有邏輯」。

講求邏輯的人與不合乎邏輯的人，差別何在？

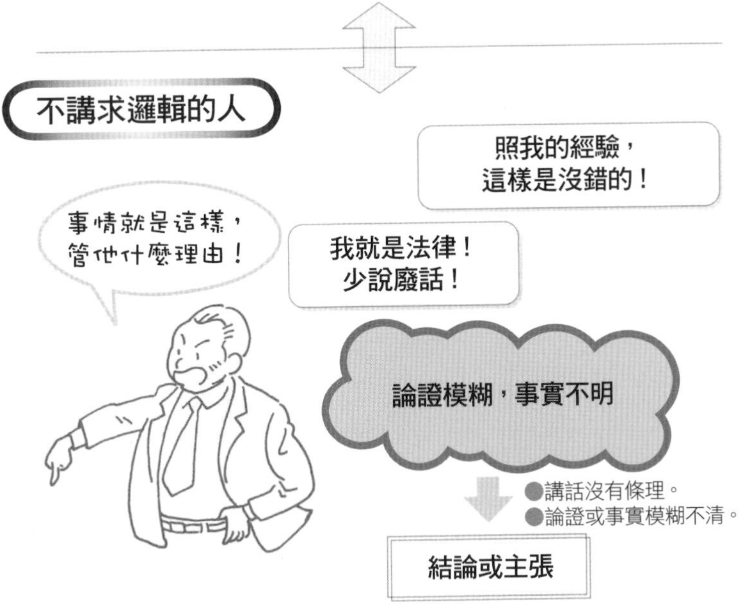

舉例來說，想依自己經驗導出結論（主張）時，若無法舉出論證，對方就不會信服。就像有人跟你說：「依照我長年的經驗判斷，明天應該會下雨。」沒有人相信吧？

⊙論證是否客觀，決定說服力強弱

當你依條理說明所舉的論證（拿來說服用的事實），就會相當具有說服力，聽講者也能傾心接受你的結論或主張。

然而，論證跳來跳去，對方不可能乖乖接受你的結論，聽講者一定會有「為什麼結論會是那樣？」「真是難以接受。」的想法。

此外，即使論證再怎麼明確，要是背後的事實、資料太過模糊，也導不出正確的結論。所以，用來證明論點的事實或資料都必須可靠而正確。論證或事實一旦模糊不清，結論就如同沙灘上的樓閣一樣不切實際，一直是不確定的狀態。

只要被人稍加反駁就完全站不住腳，也因此，在發言時最好先確認，「是否不會在中途隨便跳進結論裡」、「是否正確地傳達訊息至對方」、「事實或資料是否正確」，以免被當作「沒有邏輯的人」。

論證不夠明確，就是沒有邏輯

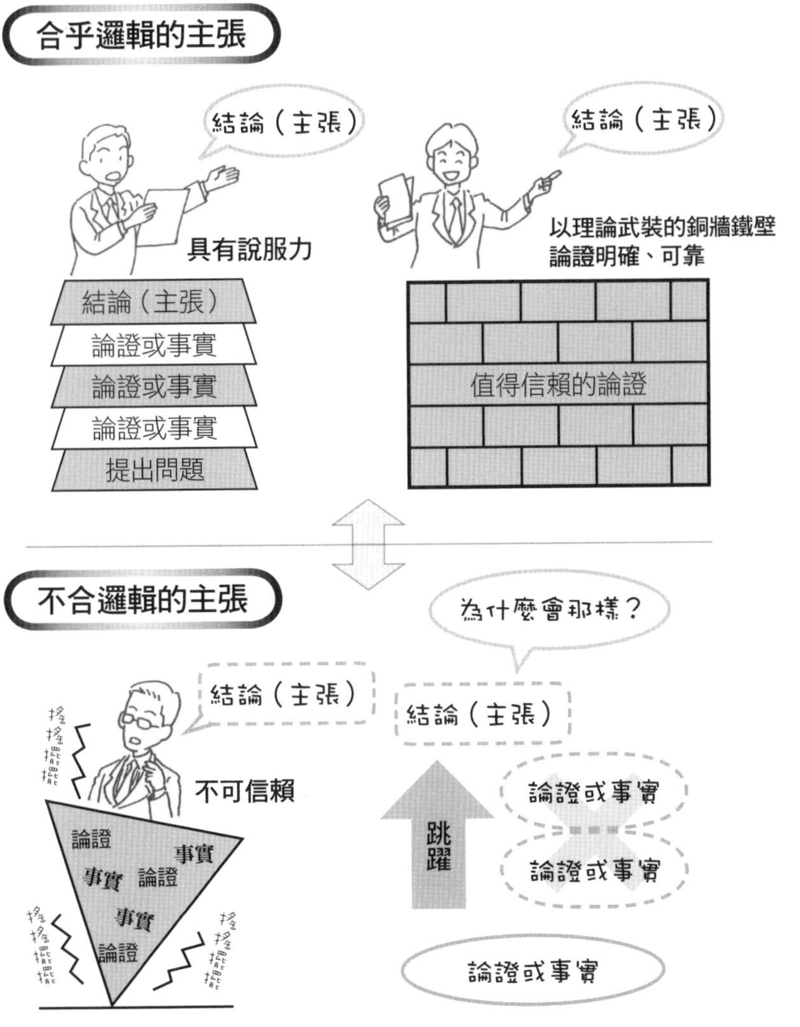

●論證不具連貫性。
●令人質疑是否為事實或純屬個人推測。

●即使已串連自己腦中的論證，但講話太沒有條理，一下子跳到結論，會無法正確傳達訊息給對方。

3「有道理」和「有邏輯」完全不同

思考有邏輯，就能綜觀全局。
不再「自以為是」，排除個人情緒，正視現實。

⦿「有道理」只是狗屁道理！

一般人都認為理工科出身的人很擅長邏輯思考，也會認為，他們應該擅長按照事物的道理思考，解答數理類問題也難不倒他們。然而，理工科出身的人真的都擅長邏輯思考嗎？從某些層面來看，他們或許是合乎邏輯的，但他們有個缺點，習慣在狹義範圍的邏輯中思考。並因為容易固執己見而蠻幹胡來，往往不會顧慮到周圍的人事物。真正的邏輯思考，應該要掌握、整合事物整體及其部份之間的關係，再按照道理思考。而後運用理工科出身者所擅長的「在狹義範圍中依邏輯探究真理」，更具正面效果。

論證或事實不夠明確，就無法導出正確的結論。舉例來說，我們光是聽了評論家等人的意見，就對別人說：「那樣做才對！」對於聽者而言，其實一點說服力也沒有。不

論點不客觀，就沒有說服力

沒有整體性的主觀判斷

判斷時自以為是，忽略周圍的人事物

要只是接收別人說的話而人云亦云，應該先在自己的腦子裡按照道理想過一遍。

⊙自以為是會阻礙邏輯思考

如果過於「自以為是」，將會在無意間扭曲了論證或事實真相。此外，如果情緒太過激動，會因為急於下結論，論證呈跳躍式，雜亂無章。

如果知道自己腦中一片混亂，可以將話題重心轉移至聽講者，或先喝口溫熱的茶水，暫時讓自己沉靜下來，冷靜思考之後進而冷靜發言是很重要的。

此外，人常常不以自己的論點作說明，而任意引用偉人名言或故事，使自己的主張正當化。這是一種相對於「自以為是」的主張手法，這種人尤其常見於職場，而且愈是高階的人愈是多見，可說是另一種「狐假虎威」。

另外，有些典故或成語擁有相對的相反詞。例如「不入虎穴，焉得虎子」和「君子不立危牆之下」，意義正好是相反的，應該視時機與場合使用。有時候任意引用故事，只會暴露自己說服力薄弱的缺點。

自以為是，以及激動的情緒，會阻礙邏輯思考

不合邏輯的言語

↓

對於聽者而言，一點說服力也沒有

●只是把他人提供的訊息不加消化地轉述。
●如此一來只會扭曲事實，自以為是地固執己見。
●情緒太過激動，思緒失去冷靜，使內容顯得雜亂無章。
●任意引用前人故事或偉人名言來主張正當性。

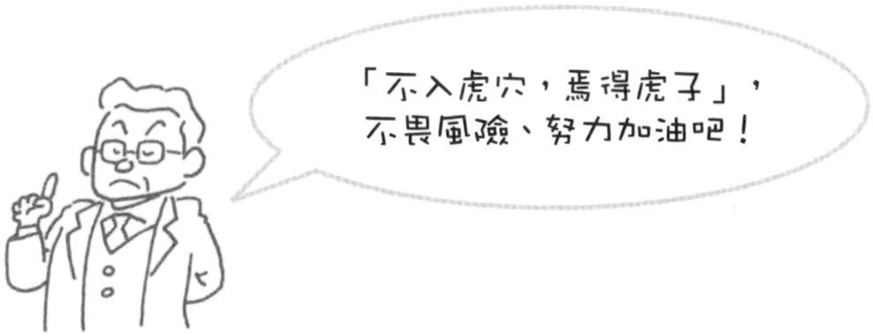
「不入虎穴，焉得虎子」，
不畏風險、努力加油吧！

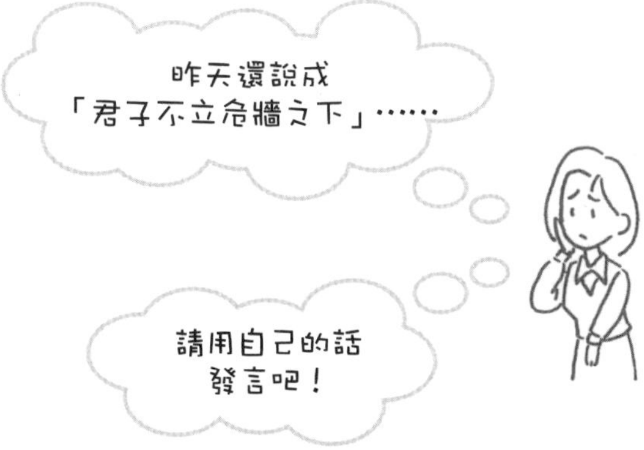
昨天還說成
「君子不立危牆之下」……
請用自己的話
發言吧！

4 確立主張的內容

想像自己是一隻鳥，鳥瞰整個森林——由事物整體切入各個部份再思考。

⊙清楚劃分整體與部份之間的關係，才能看清事物的真理

如果沒有先觀察整體環境，只是執著於部份因素的話，將會忽略周圍的事物。好比進森林探險之前，沒有先瀏覽過森林全區的地圖，又怎能得知山丘或河川的位置。

這個觀察整體的動作，我們稱之為「鳥瞰」（Bird View）。先想像自己是一隻鳥，鳥瞰整個森林，進入部份地區的時候就不怕迷路了。有如一隻鳥自上空瀏覽的整體地圖，稱作「鳥瞰圖」。進行都市開發計畫或高級住宅建設時，工作者一開始就會製作出建築物鳥瞰圖。

先掌握整體狀況，再了解各部份情形，就能更清楚了解整體及部份（局部）之間的關係。想要清楚地將訊息傳達給對方的話，就比較容易讓對方理解，並說出合乎道理的

先看過整體環境，就能看清每個細節

想像自己是一隻鳥，先把森林整體看過一遍（瀏覽整個外觀）

不應該見樹不見林

更能清楚了解整體與部份之間的對應關係（先呈現整體狀況）

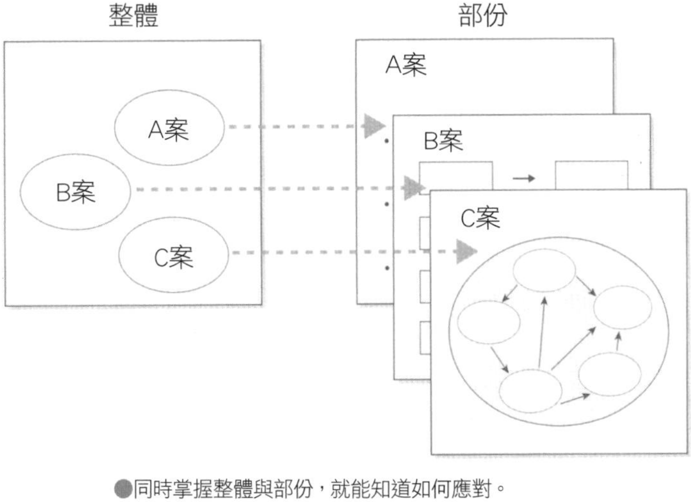

●同時掌握整體與部份，就能知道如何應對。
●將關係圖以符號來表示的話，會更容易讓對方理解。

話。舉例來說，如果把Ａ、Ｂ、Ｃ之間的相互關係以一張整體圖來表示的話，即使是在說明各個細節，也都能夠很容易進入狀況。

⊙思考順序應該由宏觀切入微觀

前述提到，由整體進而切入部份的思考模式稱作「由宏觀切入微觀」，所謂的宏觀，就是整體或概要，而微觀指的就是部份或詳細內容。

說到「由宏觀切入微觀」，可能換成「概要↓詳細↓具體化」或「企劃↓設計↓執行」的說法會比較易懂。我們常把焦點放在細節的內容或事物上。然而，要做到合乎邏輯，要先掌握整體狀況，甚至將整體狀況明確化，這樣才會更具效果。

即使在引導結論或主張的時候也要注意，避免自以為是，別認為「只有這個做法才是對的」。舉例來說，不少人認為「要健康，就得多運動」，因此加入高費率的健身房，拚命做超過自己體力負荷的運動，反而只會危害自己的健康。

因此，必須以更寬廣的視野，探究更好的結論或主張。例如，先大範圍地掌握整體狀況——「有什麼方法可以讓自己更健康」。除了運動，還有注重規律作息的生活、不要暴飲暴食等其他替代方案。接著，再從中找出最有效的解決方案。

拓展能捕捉整體狀況的「寬廣視野」

由宏觀切入微觀思考

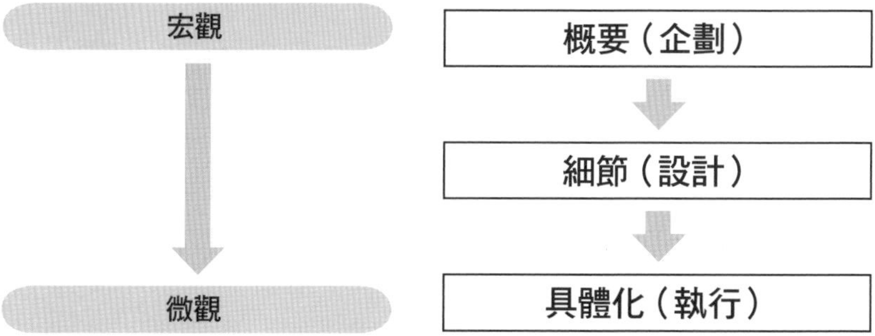

宏觀
微觀
概要（企劃）
細節（設計）
具體化（執行）

先尋求各種可能性再導出最後結論

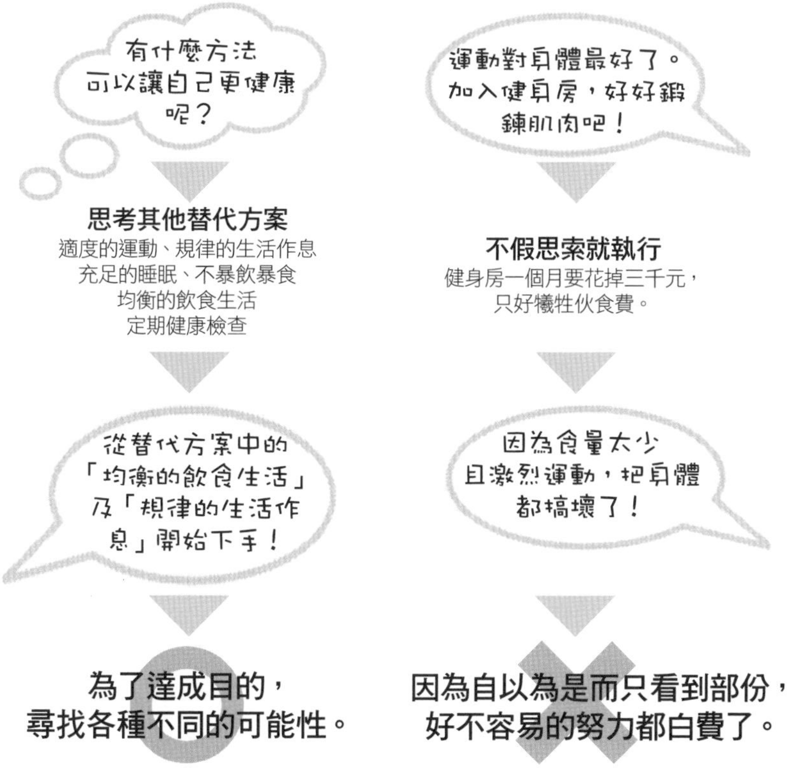

有什麼方法可以讓自己更健康呢？
思考其他替代方案
適度的運動、規律的生活作息
充足的睡眠、不暴飲暴食
均衡的飲食生活
定期健康檢查
從替代方案中的「均衡的飲食生活」及「規律的生活作息」開始下手！
為了達成目的，
尋找各種不同的可能性。
運動對身體最好了。加入健身房，好好鍛鍊肌肉吧！
不假思索就執行
健身房一個月要花掉三千元，
只好犧牲伙食費。
因為食量太少且激烈運動，把身體都搞壞了！
因為自以為是而只看到部份，
好不容易的努力都白費了。

5 結合垂直思考及水平思考

先以水平思考擴大範圍地切入，再以垂直思考深入剖析。

⊙垂直思考與水平思考

思考方法有水平及垂直思考兩種，所謂水平思考，指的是大範圍地概略分析整體環境。而垂直思考則是針對特定的部份再深入地剖析，重點不在於哪一種方式才好，按照「先水平思考，再加以垂直思考」的順序，才是最重要的。

多數日本人在垂直思考方面很得心應手，卻不擅長水平思考，又或許該說不習慣水平思考比較妥當。也就是說，多數日本人不習慣水平思考，而常常直接跳入垂直思考。未經水平思考的垂直思考方式太過唐突，會摸不清周圍的狀況。就像只在潛水艇裡透過潛望鏡觀察，只能捕捉狹小範圍的視野。

邏輯思考，應該先從水平思考開始，再深入垂直思考。先綜觀整體環境，進而找出

先從水平思考開始，再進入垂直思考

水平思考，即以大範圍、概略地分析整體環境

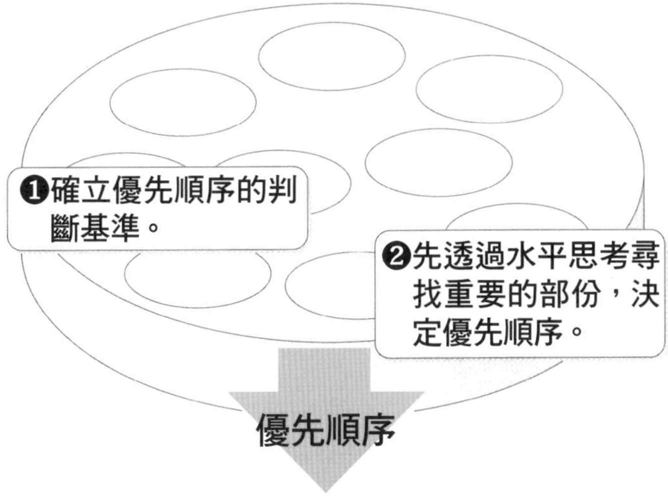
❶確立優先順序的判斷基準。
❷先透過水平思考尋找重要的部份，決定優先順序。
優先順序

垂直思考，即針對特定的部份深入再深入地剖析

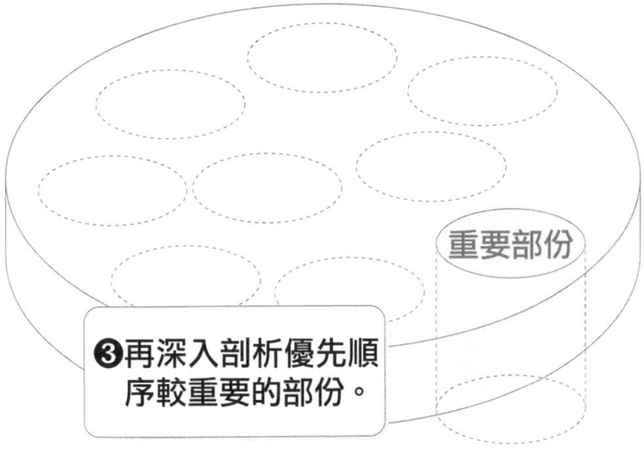
重要部份
❸再深入剖析優先順序較重要的部份。

重要的部份，排列出優先順序。之後，再進行拿手的垂直思考。以商業領域為例，先以水平思考大範圍，並且概略地探究發展新事業的可能性。接著排出優先順序，選定投入成本後相對效果較高的商機，進而以垂直思考擬訂具體的事業發展計畫。

⦿結合兩種思考方式，擴大視野、提高分析能力

雖然以水平思考為優先，再經過垂直思考後執行，但結果不見得一定成功。就算先經由水平思考提出新事業提案，再透過垂直思考，暫時選出幾個較具可能性的企劃。然而，如果成效不彰，就必須再次先以水平思考重新規劃，然後執行。

此外，垂直思考時能再加入水平思考的觀點，效果將會更好。舉例來說，公司預定將「住屋改造」的新事業具體化。在進行市場分析時，除了重新改造建築物的業務，還將資源回收、或廢棄物處理等周邊事業列入執行程序，一併考量企劃實施的可能，執行時將更有效率。

平均結合「環視四周、擴大視野」的水平思考，以及「深入分析」的垂直思考，會是最有效率與成果的。

結合水平思考及垂直思考

好的例子——結合水平思考及垂直思考

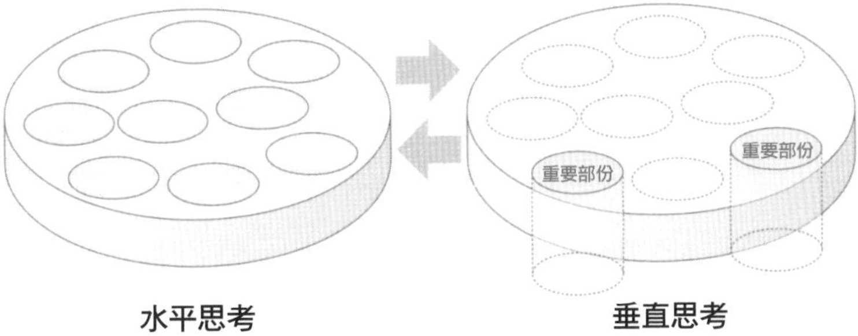

重要部份
重要部份
水平思考
垂直思考

●先以水平思考確立整體與局部之間的關係。
●即使是在垂直思考的階段，也要不時以水平思考探視周圍狀況。

不好的例子——立即進入垂直思考

只有這個！
垂直思考
●自認為重要，但理由不清不楚。
●設定優先順序的方法不正確。
●尚未掌握整體及部份間的關係。
自以為是的人

●由於唐突的自以為是進行垂直思考，以致無法命中目標。

6 為什麼合乎邏輯比較好

只要能依循道理來邏輯思考，就有助於思路的開通，以及有效解決問題。

⊙凡事不講求邏輯，無法讓人了解

如果你想要與工作伙伴順利完成，凡事講求邏輯會比較有利。而且，對於提升工作效率也有很大的幫助。

要說服一個人，依照邏輯地講道理也比較有利。如果對於經常在身邊，而且彼此熟識的伙伴說：「預定的那件工作，就決定那樣做吧！」即使不太合邏輯，但是有可能說服對方。不過，如果對象是不特定的第三者、不熟識的人、職場上司或下屬的話，不講求邏輯，就不可能說服他們。要提出某個主張的時候，一定要先進行探究，並向對方說明為什麼，才能讓對方信服。

在政治領域上，我們可以看出，美國的應對講求邏輯，日本則相對地不符邏輯。

不講求邏輯的下場

無法清楚說明「為什麼會這樣？」，就無法說服他人

日本無法對全球性議題等爭論進行反駁

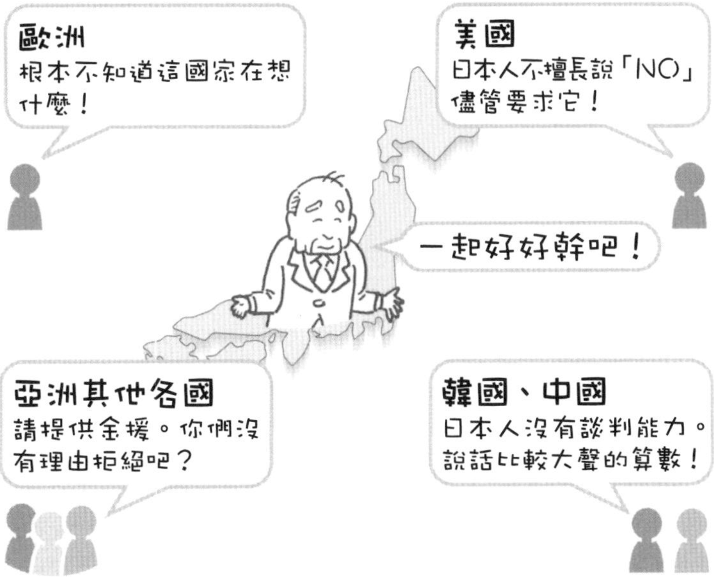

如果日本是個能依邏輯來應對的國家，就能明確地堅持自己（日本）的主張，並對於美國的要求提出反駁。然而，卻沒看過日本能有邏輯地說明為什麼是「ＮＯ」，並加以反駁。所以，在全球化社會中，不合邏輯就難以說服他人，也無法對等地與他人抗衡。

⦿邏輯思考可以提升解決問題的能力

依照邏輯思考，就能提高解決問題的能力。要解決問題，就一定要探討原因。而追究原因時，就需要邏輯。

追究原因，並重點式地擬出因應對策之後，就能確實執行解決問題的工作。相反地，如果沒有先探討原因，臨時起意的因應對策再多，都是看不到效果的。

以企業解決「業績及獲利下降」問題為例，社長或職員只喊著：「（給我）提高銷售額！」這種刺激不會有成果。如果不知道業績減少的原因，即使擬出再多對策都無法對症下藥。而且，就算增加業務人員，如果商品本身賣相不好（沒有吸引力），也只會更增加成本，抑制獲利。

只要依循邏輯，問題就能解決

追查的時候若未能按部就班，就無法解決問題

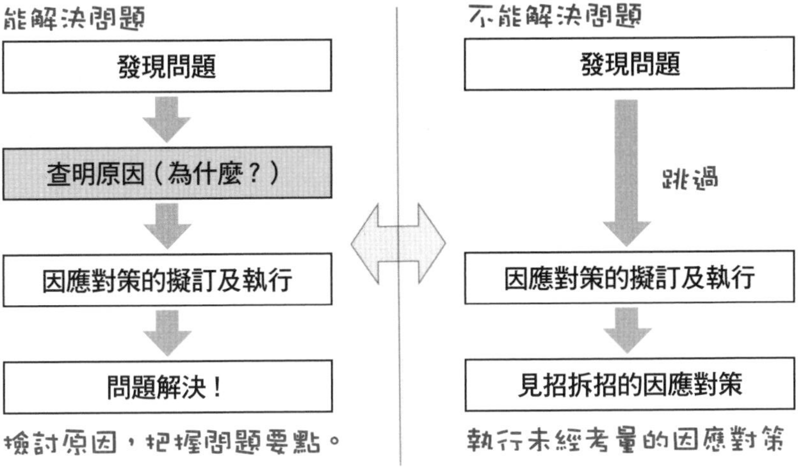

能解決問題
發現問題
查明原因（為什麼？）
因應對策的擬訂及執行
問題解決！
檢討原因，把握問題要點。
不能解決問題
發現問題
跳過
因應對策的擬訂及執行
見招拆招的因應對策
執行未經考量的因應對策

追查的時候未能按部就班，因應對策將毫無效果

問題解決的步驟	合乎邏輯的情況	不合邏輯的情況
發現問題	○A商品的銷售額慘淡。 ○A商品的獲利下降。	○自家產品的銷售額慘淡。 ○自家產品獲利下降。 （未追查原因）
查明原因（為什麼？）	○年輕人對於A商品設計評價不佳。 ○販賣折扣超過毛利率。	
因應對策的擬訂及執行	○儘快投入發展A商品的改良版。 ○強制性停止折扣。	○強制要求提高銷售額及利益。 ○營業上的努力稍嫌不足。
問題解決！	○新產品的銷售額提升。 ○獲利上升。	○看不到任何成果。

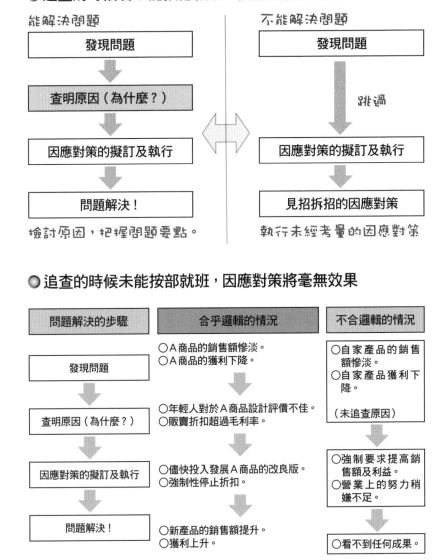

7 從日常生活學會邏輯思考

詢問「怎麼會？」「為什麼？」是邏輯思考的基本，試著將邏輯思考運用在日常生活中。

⊙心中隨時抱持著疑問

最能從日常生活中學會邏輯思考的方法，就是隨時抱持著「為什麼？」的單純疑問。舉例來說，在報紙上讀到有關「某公司併購了A公司」的報導。如果閱讀這篇報導的同時，心生單純的疑問：「為什麼那家公司要併購A公司呢？」自然地對此內容感到興趣。再假設，有間B公司正在急速成長，一旦報紙或商業情報類雜誌中刊載有關B公司的話題，在閱讀報導的時候抱持著「為什麼B公司能如此急速地成長？」的疑問，也會很有效率地收集相關情報。

時常思考「為什麼能成功？」「為什麼會失敗？」的問題，是邏輯思考中重要的一環。只要能分析其成功的主要原因，就能將成功體驗運用在下一次工作中。分析了失敗

隨時心存「為什麼？」的疑問

追究「為什麼？」的人

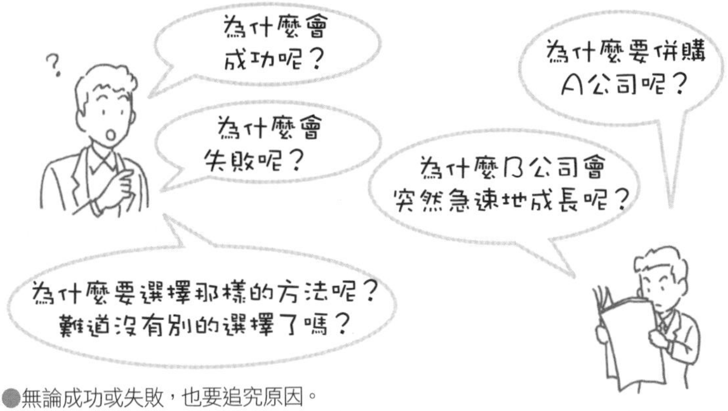
為什麼會
成功呢？
為什麼會
失敗呢？
為什麼要選擇那樣的方法呢？
難道沒有別的選擇了嗎？
為什麼要併購
A公司呢？
為什麼B公司會
突然急速地成長呢？

- 無論成功或失敗，也要追究原因。
- 將成功或失敗的經驗運用在下一次挑戰。
- 日常生活中只要常抱持疑問，就能有效地收集情報。

不追究「為什麼呢？」的人

我失敗了！都
怪運氣不好！
我成功啦！搞不好
我是個天才呢！

- 究竟為什麼成功、為什麼失敗，完全不追究原因。
- 無論成功或失敗，都沒有學到教訓。
- 不斷犯下同樣的錯誤，只歸咎於運氣。

原因之後，也能夠注意不犯下同樣的錯誤。

不講求邏輯思考的人，往往都會把事情成功或失敗，歸咎於運氣好壞，因為他根本沒追究過原因。

⊙在日常生活中很有幫助的邏輯思考

邏輯思考在各種場合中都能派上用場！首先，邏輯思考可提升情報收集與分析能力。在閱讀報紙或雜誌的時候，如果能從單純的疑問出發，可以提升追根究柢的好奇心。如果能對各種事物感到興趣，也能增強情報的收集能力。

第二，提升上台的簡報能力。上台簡報是一種說服的藝術，如果能依循道理並清楚地說明，就能成功說服聽講者。

第三，提升談判能力與說服力。說話方式合乎邏輯，比較容易能與初次見面的人溝通，讓彼此有更深一層的了解。

第四，可提升思考及解決問題的能力。養成先在腦子裡依邏輯思考的習慣，就能提昇思考能力。

講求邏輯不但有助於提升各種不同的能力，還能吸引更多了解你的伙伴。

邏輯思考可運用於各種不同場合

追究「為什麼？」的人

・多花心思於單純的疑問。
・刺激追根究柢的好奇心。

提升上台的簡報能力

・依循道理說明。
・清楚地說明。

・溝通變得較容易。
・彼此都得到共識。
・可依邏輯說服對方。

提升談判能力及說服力

・培養在腦中思考的習慣。
・不再囫圇吞棗地吸收別人的言論。

提升思考能力及問題解決能力

第二章

邏輯思考基本法則

有效學會邏輯思考必備的七大法則

- ❽ 確立思考過程
- ❾ 利用邏輯金三角提升說服力
- ❿ 以歸納法收集實證，導出有力結論
- ⓫ 演繹法即是依整體傾向提出假設
- ⓬ 善用ＭＥＣＥ，彼此獨立、全無遺漏
- ⓭ 利用邏輯樹狀圖整理資料
- ⓮ ５Ｗ２Ｈ讓資料完美無缺

8 確立思考過程

明確的思考過程，是培養邏輯思考能力的基礎。

⊙改善的步驟——從「做得到的部份」確實做起

邏輯思考的基礎在於確立思考過程，「理想的思考過程將伴隨理想的結果」——稱之為「過程主義」。先確立過程，再著手解決問題或執行工作，才能接近預定達成的目標。在思考過程的構成中，有改善和改革兩個執行方向。改善是不斷加強「做得到的部份」，不會大幅改變目前的做法，就像將磚頭一塊塊地整齊砌上去，或是像補強堅實度較低的磚牆。雖然得花時間，但是可以確實地把事情做好。

而確實按照改善過程（請參照圖說）執行，是最具效果的。發現問題之後，設定改善主題，再確立改善目標。進行改善之後，先做現況分析，找出為了達成目標所需解決的問題點，並追查問題發生的原因。找到原因之後，立即擬訂改善方案。再依方案實際

執行改善，從「做得到的部份」開始

改善，就是以既有的做法為前提，在能力範圍內將事情做得更好。

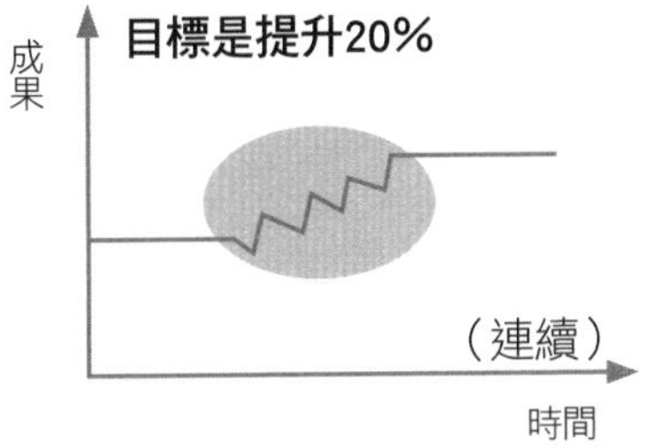

「改善」像砌磚
依現況分析找出問題點，
一步一步把事情做好

↓

雖花時間，但較踏實

執行過程

發現問題
- 工作時總是抱持疑問。
- 從日常工作中找出問題點。

↓

主題設定
- 確定改善主題及改善目標。
- 開始進行。

↓

現況分析
- 收集有關現況的資訊。
- 將問題點明確化。

↓

追查原因
- 探究問題發生的原因。
- 找出真正的根本原因。

↓

擬訂改善方案
- 思考去除根本原因的方法。
- 擬訂改善方案、準備著手執行。

↓

改善方案的執行
- 執行方案。
- 投注心思與創意。

↓

確認改善方案的成效
- 評估改善方案的成效。
- 持續改善至達成目標為止。

（成效不佳的時候 → 回到「擬訂改善方案」）

↓

問題解決！
- 維持良好的狀態。
- 投入新的改善主題。

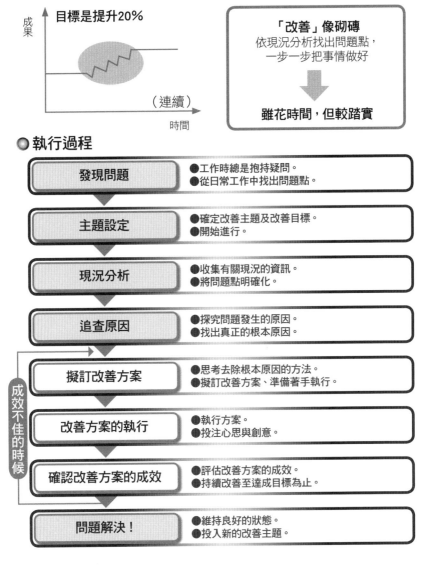

執行，確認改善效果。如果改善效果不盡理想，則多次修正改善方案，不斷執行。一旦達成目標，就是改善成功。

⊙改革的步驟——設定目標，一口氣完成

改革與改善部份相同，確立過程之後，就能確實解決問題。

改革是不堅持目前的做法，毅然決然地從根本改變原有結構。先擬訂必要、較高的目標，再一口氣完成工作。這種方式就像跳傘，決定一個目標地點，乘著飛機，背上降落傘，一口氣跳降到指定的位置。雖然風險較高，但能在短時間內達成理想中的目標。

至於改革的進行方式，就是為了突破現狀。先提出問題，立即設定一個主題（請參照圖說）。將改革目標明確化，接著依現狀分析結果，收集所需情報。再提出到達改革目標前，會面臨的障礙（問題點），擬訂改革方案，毅然執行。只要方案的執行能上軌道，就能成功。

執行改革，必須一口氣達成目標

改革，就是依決定的方法，毅然決然地從根本改變結構

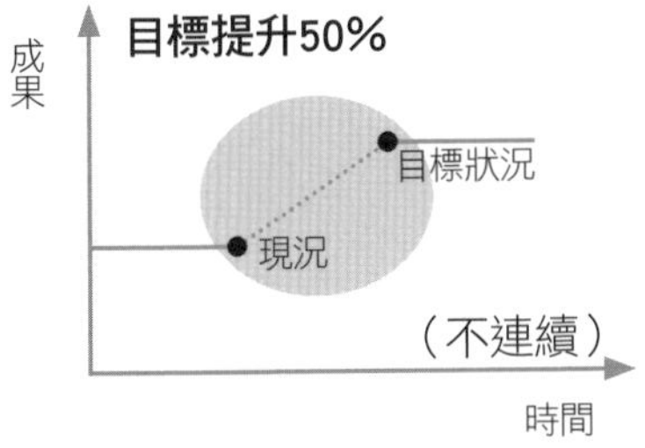

改革就像跳傘
訂定較高目標，
一口氣達成

雖然風險較高，但因為目標或路線都很明確，不會徒勞無功

改革過程

提出問題
（不該繼續以現狀執行）
- 提升突破現況的危機意識。
- 經營者或管理者表明改革的決心。

主題設定
- 經營革新及新事業等主題設定。
- 組成專案小組。

理想狀態的明確化
（期待的願望）
- 將理想狀態明確化，使目標更具體。
- 將所期待的願望共有化。

現況分析
- 收集改革方案想法的所需情報。

明確問題點
- 將必須解決的問題明確化。
- 將面臨的障礙明確化。

改革方案的擬訂
- 擬訂可毅然執行的改革方案。
- 取得相關人員的理解及協助。

改革方案的執行
- 不斷修正改革方案。
- 立即執行改革方案。

問題解決！
- 維持改革後的狀態。
- 投入新的改革主題。

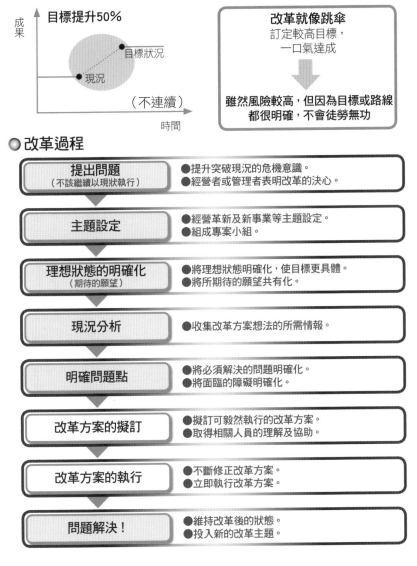

9 利用邏輯金三角提升說服力

清楚說明主張內容、論證及佐證資料，就能加強說服力。

⊙邏輯金三角可以結合主張內容及論證

運用邏輯思考時，主張、佐證資料以及論證整理是不可或缺的。只要利用邏輯金三角結合這三項要素，就能輕鬆又有條理地說服對方。

邏輯金三角的配置中，主張擺在三角形的頂點，佐證資料和論證則是位於三角形底邊的左右兩點。「主張」是結論、推論及假設，「佐證資料」是證實主張內容所需的具體實例、統計資料或事實。而「論證」是用於解釋的原理、原則、法則、公理、大家所公認的準則，所以要讓位於頂點的主張內容正當化，端賴佐證資料與論證。

使用邏輯金三角的實例，請參照圖說。在此以「某藝人將成為人氣節目的固定班底」的事實，當作佐證資料。接著是「成為那節目的固定班底之後，知名度就會竄升，

邏輯金三角結合主張及論證

邏輯金三角的結構

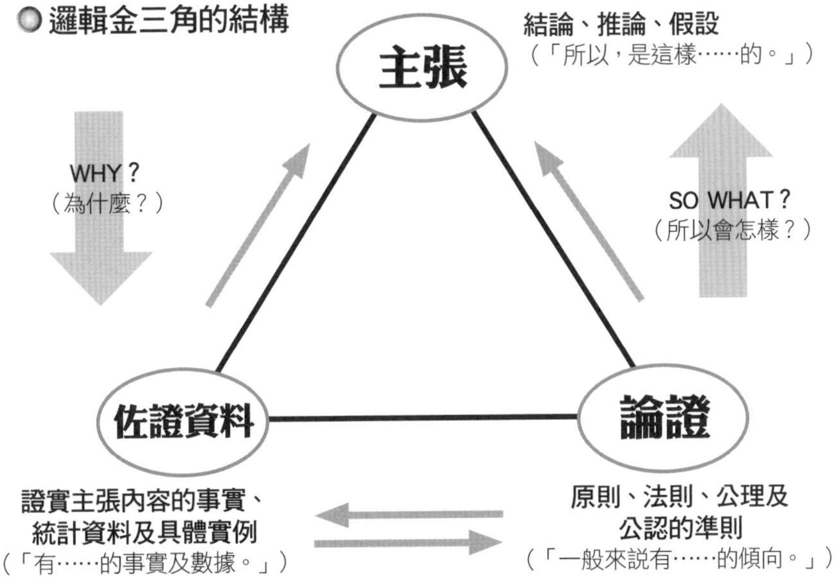

主張
結論、推論、假設
（「所以，是這樣……的。」）
WHY？
（為什麼？）
SO WHAT？
（所以會怎樣？）
佐證資料
論證
證實主張內容的事實、
統計資料及具體實例
（「有……的事實及數據。」）
原則、法則、公理及
公認的準則
（「一般來說有……的傾向。」）

（注意）佐證資料或論證不可靠的話，主張的內容就不會被認同

例題 「他會成為一位人氣藝人。」

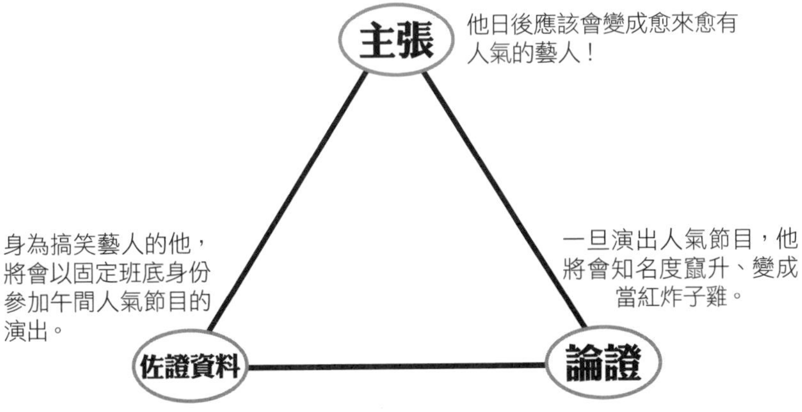

主張
他日後應該會變成愈來愈有
人氣的藝人！
身為搞笑藝人的他，
將會以固定班底身份
參加午間人氣節目的
演出。
一旦演出人氣節目，他
將會知名度竄升、變成
當紅炸子雞。
佐證資料
論證

變成當紅炸子雞」的一般推論及法則，之後導出「日後，他應該會變成愈來愈有人氣的藝人吧！」的主張（結論）。

⊙利用多層邏輯金三角補強論證

如果論證的說服力不夠時，要怎麼辦？或是佐證資料再怎麼正確，但主張內容沒說服力的話，對方也不會接受。

即使論證是正確的，但對方的背景知識不足，仍然不會被認同。此時就需要以多層邏輯金三角補強論證，這個方法是將論證置換至三角形頂點的主張，再以佐證資料和論證當作理論後盾。

以股市交易為例，若以「村上基金買下A公司全部的股票。」為佐證資料，再以「村上基金全部買下的話，股價就會上漲。」為論證，而「A公司的股價上漲。」就是主張內容。不過，對方不認同這個論證的話，主張就會失去說服力。所以，再加上如「過去有十次相同的情況。」等佐證資料、論證，就能補強主張、增加客觀性。

利用多層邏輯金三角補強論證

多層邏輯金三角的結構

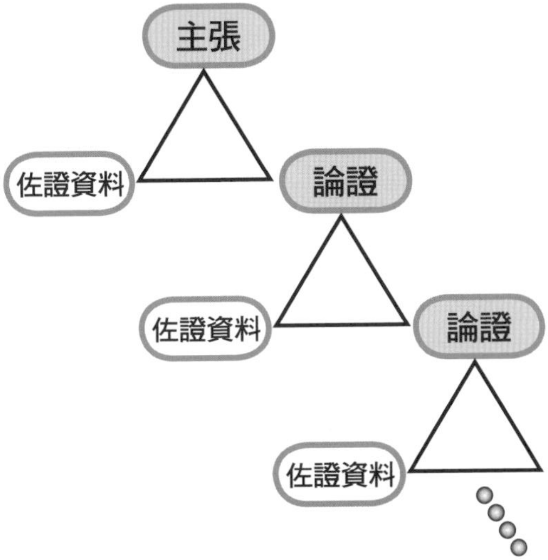

例題　「A公司的股價會上漲。」

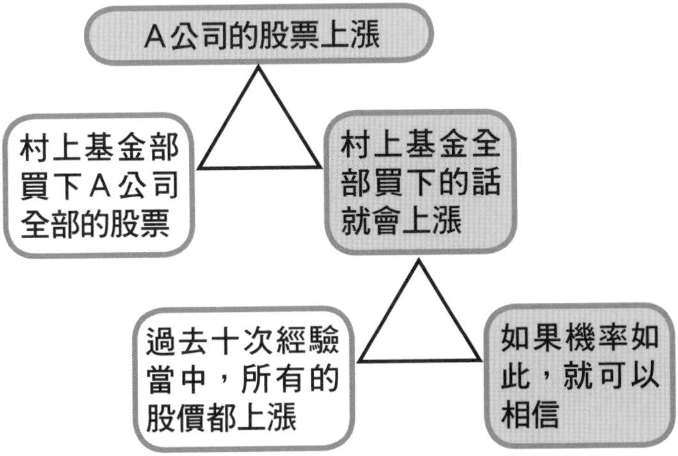

10 以歸納法收集實證，導出有力結論

不斷收集事實及資料，解讀事情整體的傾向，引導出自己的主張。

⊙無法確立主張內容時，先以歸納法試行

歸納法有助於導出主張（結論），可以「解讀各個事實之後，導出一套主張（結論）」。以邏輯金三角來說的話，就是依「佐證資料」↓「論證」↓「主張」的順序展開邏輯。

先收集所有佐證資料，如果有項調查結果顯示：「A事業部門的銷售額為一百億日圓、負債二十億日圓。下期以後也不會轉換成盈餘。同樣狀況持續下去，三年後將陷入債務過多的深淵。」接著，將這些佐證資料當作是一般法則或傾向。提出論證：「不能繼續負債，而置之不理。必須避免債務增加，沒有前瞻性的事業難以繼續。」如此一來，可以導出主張的內容：「A事業部門需要根本性的因應對策，必須儘早檢討是否裁

歸納法，解讀事實傾向之後再導出主張內容

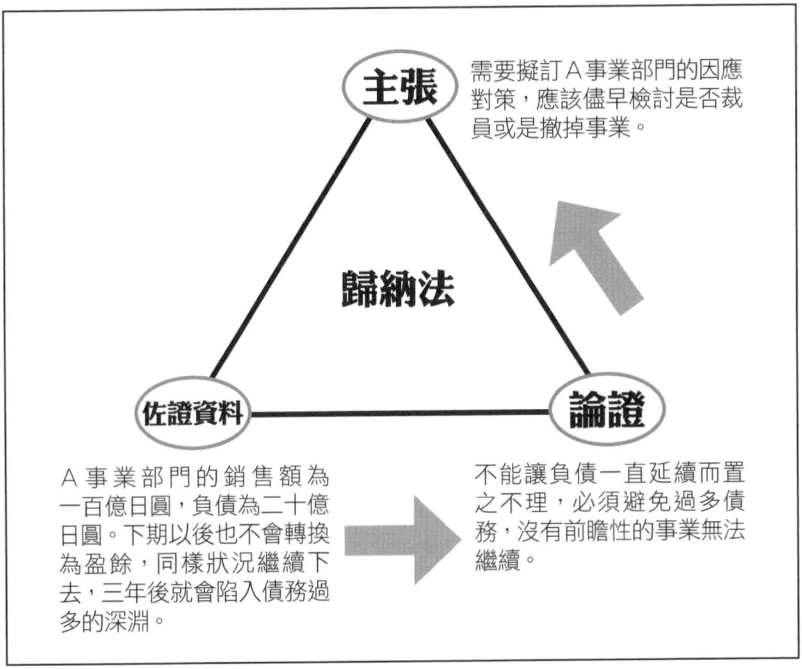
主張
需要擬訂A事業部門的因應對策，應該儘早檢討是否裁員或是撤掉事業。
歸納法
佐證資料
論證
A事業部門的銷售額為一百億日圓，負債為二十億日圓。下期以後也不會轉換為盈餘，同樣狀況繼續下去，三年後就會陷入債務過多的深淵。
不能讓負債一直延續而置之不理，必須避免過多債務，沒有前瞻性的事業無法繼續。

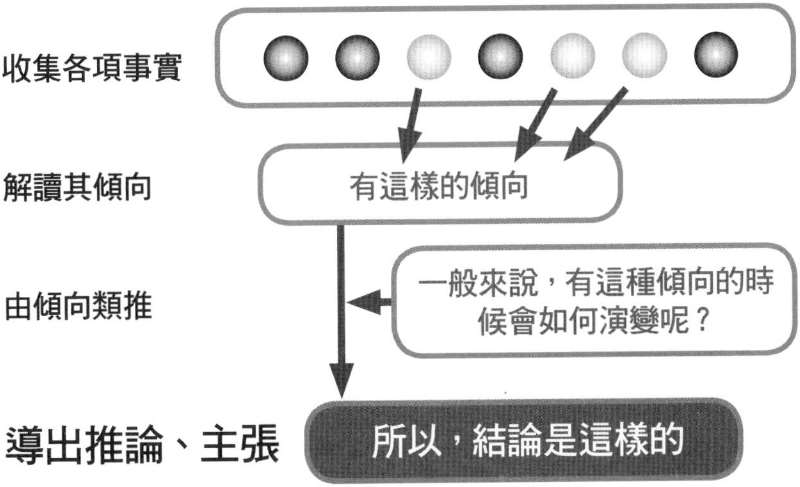
收集各項事實
解讀其傾向
有這樣的傾向
由傾向類推
一般來說，有這種傾向的時候會如何演變呢？
導出推論、主張
所以，結論是這樣的

員或是撤掉事業。」的推論。

歸納法就是如此累積各個佐證資料，解讀其傾向，再佐證資料所導出的傾向推測，應用於一般法則或傾向，最後導出主張內容。而歸納法的主張，大多被稱為推論（經由推測得到的結論）。

⊙歸納法即是確立主張內容的論證

名為「辯論」的鬥智活動，是將參加者分成贊成派（正方）及反對派（反方），依序發言，用各自的邏輯使對方認同自己的主張。以「是否應該移轉首都？」議題為例，分為「該移轉」和「不該移轉」的贊成派及反對派之後，進行辯論，使對方認同。

在辯論過程中，如果巧妙運用佐證資料及論證，即使是完全相反的主張，也可以成立。換句話說，主張會視佐證資料及論證的利用方式而定，還能引導成對自己有利的主張。舉例來說，佐證資料及論證能分別成立「地價將會轉為增值」、「地價會持續下跌」的正反主張（請參照圖說）。也就是說，弄清楚主張之後，再尋找能證明的佐證資料及論證的作做也是可行的。

巧妙運用佐證資料及論證，能成立完全相反的主張

主張 「地價會上漲」

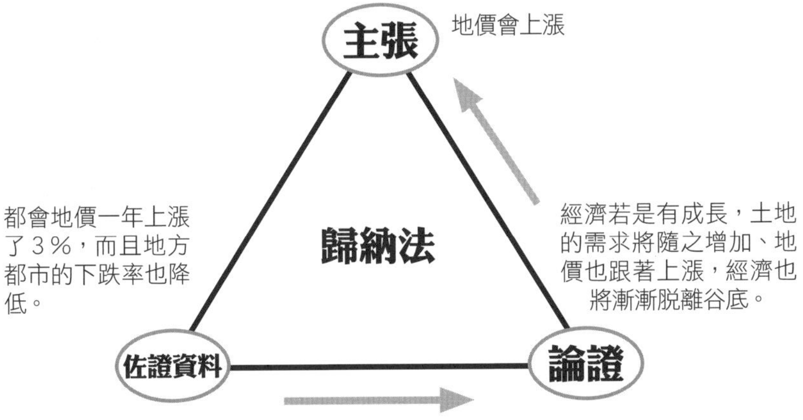
主張
地價會上漲
都會地價一年上漲了3%，而且地方都市的下跌率也降低。
歸納法
經濟若是有成長，土地的需求將隨之增加、地價也跟著上漲，經濟也將漸漸脫離谷底。
佐證資料
論證

主張 「地價會持續下跌」

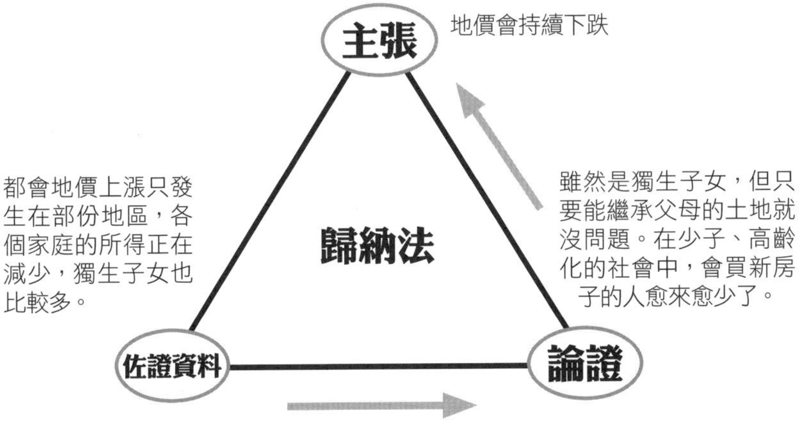
主張
地價會持續下跌
都會地價上漲只發生在部份地區，各個家庭的所得正在減少，獨生子女也比較多。
歸納法
雖然是獨生子女，但只要能繼承父母的土地就沒問題。在少子、高齡化的社會中，會買新房子的人愈來愈少了。
佐證資料
論證

11 演繹法即是依整體傾向提出假設

利用各項資料來證明一般準則，強化自己主張。

⊙利用演繹法導出主張

所謂演繹法，就是：「將一般傾向套在各個佐證資料上，導出自己的主張。」以邏輯金三角來說，就是依「論證」→「佐證資料」→「主張」的順序，展開邏輯的理論。

首先，先提示一般準則作為論證。舉例來說，對方可以接受「在通貨緊縮的經濟狀況下，平價商品會大賣」的論證。再舉出，「發酵酒賣得比啤酒好，百元商店變得很受歡迎」作為佐證資料。然後可以從這些事實當中導出結論，「我們公司也投入平價產品市場的話，一定會大賣的」。

演繹法是由一般準則來類推，即使是由稍有脫序的論證開始也沒問題。即使是會讓人質疑的論證，在提出佐證資料時，能一一驗證各個事實，還是能讓人認同。

演繹法，將一般準則帶入佐證資料，導出主張

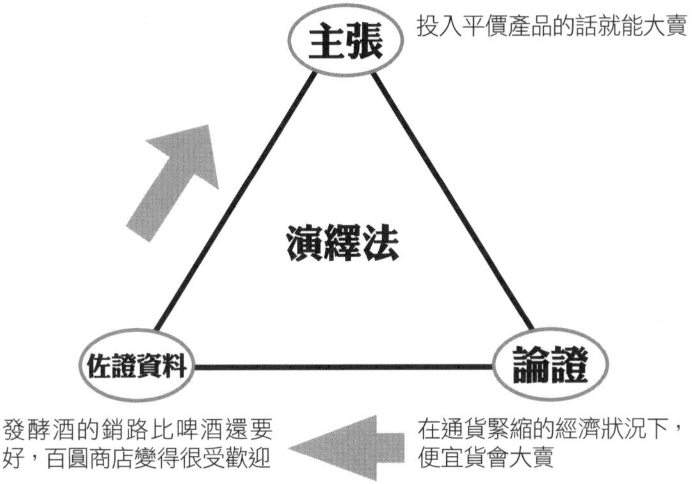
主張
投入平價產品的話就能大賣
演繹法
佐證資料
論證
發酵酒的銷路比啤酒還要好，百圓商店變得很受歡迎
在通貨緊縮的經濟狀況下，便宜貨會大賣

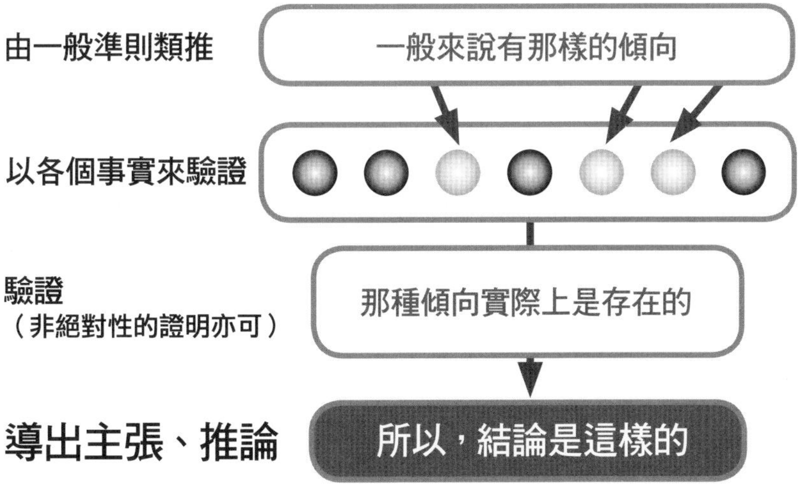
由一般準則類推
一般來說有那樣的傾向
以各個事實來驗證
驗證
（非絕對性的證明亦可）
那種傾向實際上是存在的
導出主張、推論
所以，結論是這樣的

⦿提出假設再驗證的演繹法

佐證資料雖然證明了正確的事實，但無法證明百分之百正確時，主張內容也可以稱作假說（假設性結論）或推論。

先看看假說之一的達爾文進化論，其論證內容主要是「物競天擇，適者生存」。或許會有人立刻心生疑問，不過又覺得有同感。這時候就利用事實當作佐證資料，多方檢查其論證。達爾文就是以「卡拉巴哥島上的生物研究以及由化石所得知的絕種、進化痕跡資料」等資料來當作論證，才提出主張，完成他的進化論。

另外，所謂「所有的魚都會在水中游（大前提），鯛魚是魚的一種（小前提）。由此可見，所有的鯛魚都在水中游（主張）。」的三段論法，也是演澤法的一種。

這樣的三段論法，就是論點依大前提（原則或公理等）↓小前提（各個事實）↓主張（假說、推論）的順序展開。左頁下方，即三段論的實例。

演繹法導出的主張有時稱作「假說」

演繹法實例：達爾文進化論

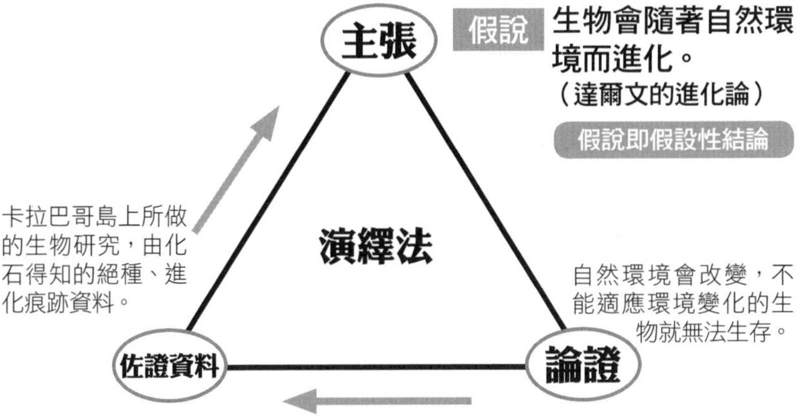
主張
假說
生物會隨著自然環境而進化。
（達爾文的進化論）
假說即假設性結論
演繹法
卡拉巴哥島上所做的生物研究，由化石得知的絕種、進化痕跡資料。
自然環境會改變，不能適應環境變化的生物就無法生存。
佐證資料
論證

三段論證也是演繹法

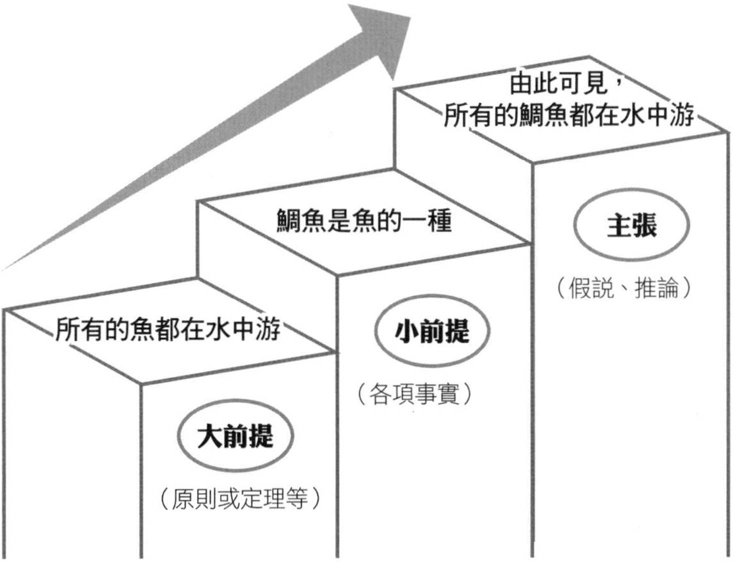
由此可見，
所有的鯛魚都在水中游
主張
（假說、推論）
鯛魚是魚的一種
小前提
（各項事實）
所有的魚都在水中游
大前提
（原則或定理等）

12 善用MECE，彼此獨立、全無遺漏

要掌握整體狀況，必須毫無遺漏，使細部各自獨立。

⊙在沒有任何遺漏的狀態中，綜觀整體狀況

一旦有任何遺漏，就會成為邏輯思考的絆腳石。舉例來說，主張「新事業是勢在必行的！」時，被問到「關於風險部份，有什麼想法？」後，如果只回答：「完全沒考慮到這個問題。」對方絕對會認為：「這個人真是考慮不周。」「是不是沒有確實地想過這個企劃？」此外，沒注意到這樣的遺漏，是會失去好機會的。如果只看到眼前，將會錯過其他重要的事物。舉例來說，只專注於賺取眼前的十元硬幣，卻會錯過隨之而來的大好機會。

如果工作項目重複，也會成為邏輯思考的阻礙。彼此之間複雜地重疊在一起，整體與部份之間的關係變得模糊不清。如果關係搞不清楚，就看不出現在所說明的和其他內

任何破綻或重複是沒有什麼好處的

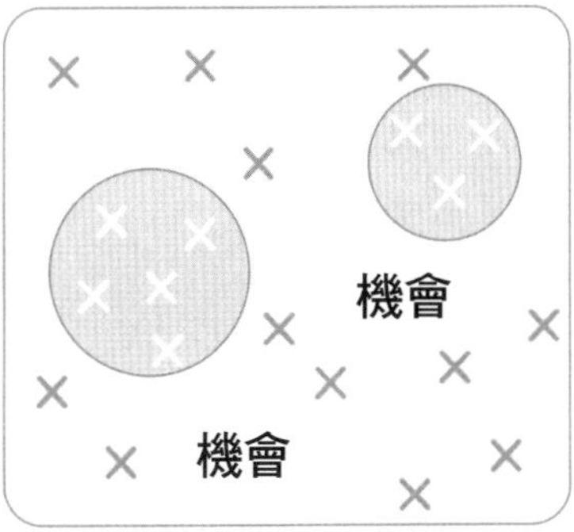
機會
機會

若有遺漏，將失去機會。

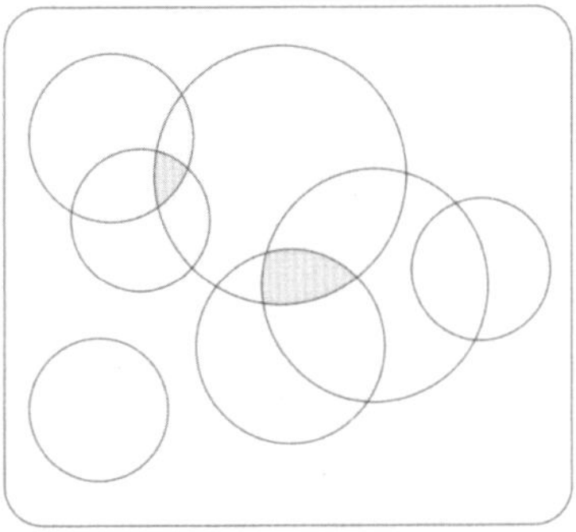

產生重複，就會徒然無功或引起混亂。

十元耶！
我太幸運了！
工作做完了！
咦，那個也要做啊？害我以為已經都做完了說。
沒有發現到……
哇咧！
得重新做一遍了耶！

只看到十元而已，視野狹窄，就失去機會。

工作不整理的話，永遠做不完。

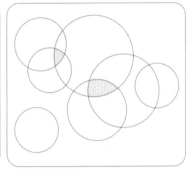

容之間是什麼關係，對方也會一頭霧水。

此外，重複容易造成事倍功半或引起混亂。如果財務部門及人事部門，同時都負責人事查核、給薪計算的話，除了發生雙方工作重複的問題，還會因為各部門意見不一致，而引起混亂及對立的狀況。

⊙掌握整體狀況，再思考優先順位

彼此獨立、全無遺漏，稱作MECE。以MECE整理整體狀況之後，就能合乎邏輯地、有系統地掌握整體與部份之間的關係。

MECE的最佳運用時機，在於開始某種新事物、迷失整體狀況、即使再努力都只能見招拆招，以致看不到任何成果或出口，或想要以較少的勞力來提高成果的時候。此外，能夠數值化的資料，以MECE處理會比較簡單。舉例來說，年齡層或所得層等項目，都可以簡單地以MECE分類。

而且，利用MECE掌握整體狀況之後，最重要的是設定優先順位。先瀏覽整體、著眼於機會或投資報酬率較高的事物，就能以較少的勞力換取較大的成果。

利用MECE掌握整體狀況

MECE
Mutually **E**xclusive **C**ollectively **E**xhaustive
彼此獨立、全無遺漏

MECE的示意圖

使用MECE的實例：年齡層的分佈可以比較容易分類

未滿20歲	20～29歲	30～39歲	40～59歲	60歲以上

使用MECE的情形

- 想開始進行新企劃的時候。
- 不清楚整體狀況的時候。
- 即使再努力，仍看不見成果或目標的時候。
- 想要以較少的勞力，換取較大成果的時候。

利用MECE掌握整體狀況之後，
開始設定其優先順位吧！

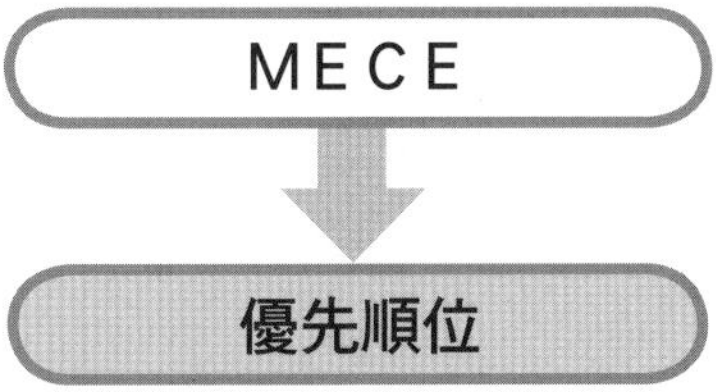

13

利用邏輯樹狀圖整理資料

只要能運用邏輯樹狀圖，即能有層次、有系統地整理所有資料。

⊙依大小或因果關係，分別整理

掌握整體狀況最便利的方法就是利用邏輯樹狀圖，邏輯樹狀圖就是由邏輯（Logic）所組成的樹（Tree）。這是依照大小或因果關係，有系統地整理邏輯構成要素（樹幹或枝葉）的方法。

在邏輯樹狀圖中，會將主要課題置於最左側。再把構成要素分解成兩個以上，舉例來說，主要課題是「提高利益」時，可以將達成要素分解成「提高銷售額」及「降低成本」兩種。

邏輯樹狀圖由於能將大小或因果關係整理在一張紙上，所以可以輕易掌握整個狀況。雖然條列在整理上很方便，如果項目過多的話，就會很難理解項目間的相互關係，

適合整理資料的邏輯樹狀圖

邏輯樹狀圖的基本結構

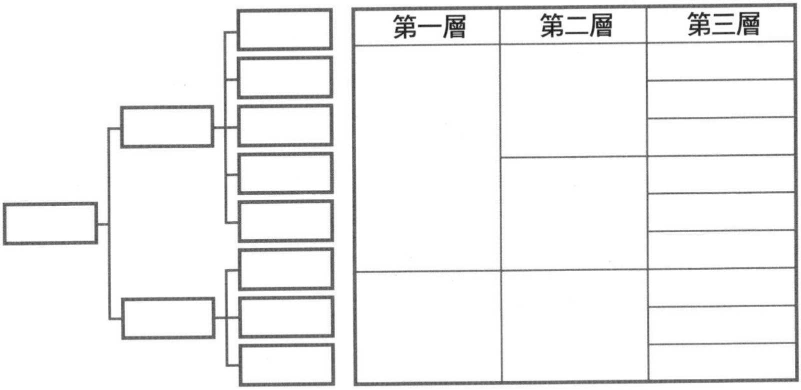

邏輯樹狀圖優於條列的優點為何？

例 我們公司的問題出在哪？

❶ 公司的負債問題出在製造成本太高。
❷ 員工平均年齡上升，人事費用遠比其他公司還要高。
❸ 不斷出現劣質品，近年來的客訴也很多。

條列的優點

- 可整理得簡潔又有力
- 抓出論點的重點所在
- 容易將各個項目分類

條列的缺點

- 分不清哪裡有破綻
- 分不清哪裡重複
- 不容易掌握整體狀況
- 分不清項目間的相互關係
- 項目一多就容易分不清

而邏輯樹狀圖能克服此缺點。繪製邏輯樹狀圖的時候，只要使用EXCEL等表圖計算軟體，要隨時追加、修正或刪除都很容易。

⊙繪製邏輯樹狀圖

依循前例，先針對主要課題「提高銷售額」，將它的構成要素分成「增加既有客戶群的銷售額」及「增加新客戶群的銷售額」。再進一步將要素分解，找出更具體的因應對策。

然而，在繪製邏輯樹狀圖的時候，必須留意MECE的存在。雖然很難完成完美無缺的MECE，但要隨時意識到全無遺漏、彼此獨立的問題。

邏輯樹狀圖的最佳利用時機，在於有系統地整理公司或事業課題、整理涉及大小或因果關係的資料，或整理大量情報的時候。

其實，我們腦中的資料往往無法像邏輯樹狀圖一樣，整理得那麼清楚有條理，常常就像義大利麵一樣糾結在一起。像這樣的狀態，哪裡有遺漏或重複、大小或因果關係為何之類的問題，根本都沒有整理好。如果利用邏輯樹狀圖，以關鍵字或短句將情報分割整理，思緒會變得比較清楚。

利用邏輯樹狀圖整理資料

一起試著繪製邏輯樹狀圖吧！

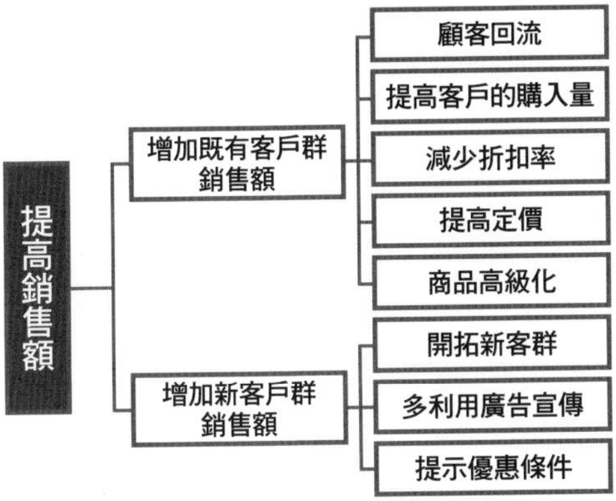

主要課題：提高銷售額

第一層	第二層
增加既有客戶群銷售額	顧客回流
	提高客戶購入量
	減少折扣率
	提高定價
	商品高級化
增加新客戶群銷售額	開拓新客戶
	多利用廣告宣傳
	提示優惠條件

適合利用邏輯樹狀圖的情形

- 想要有系統整理公司或事業的課題。
- 整理涉及大小關係或因果關係的情報時。
- 整理大量情報的時候，按照大小關係來階層化。
- 想要有效利用表圖計算軟體優點的時候。

繪製邏輯樹狀圖時需要注意的重點

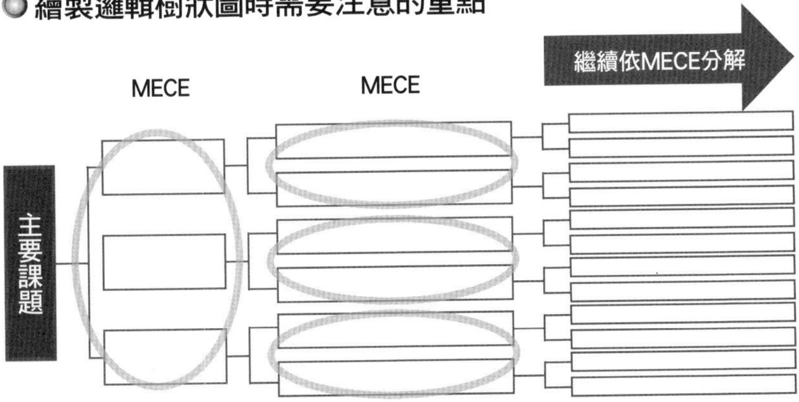

14

5W2H讓資料完美無缺

正確傳達企劃項目、資料時，需要5W2H。

⦿以5W2H為思考基礎，講解時避免離題

論證一旦脫序，對方就會搞不清論證與主張之間的連貫性。而且一旦論證有了遺漏，主張就無法被對方認同。此外，如果想要正確傳達情報，一定要留意，資料不容任何遺漏。而必須正確傳達給對方的情報，即是5W2H——「做什麼」、「為什麼做」、「何時做」、「由誰做」、「在哪裡做」、「如何做」、「成本是多少」。欠缺5W2H，即使提了案也不會有具體的進展。

舉例來說，主張「必須從根本改變公司的利益結構」時，如果一直沒決定好「要做什麼、誰來做、什麼時候著手進行」，也只是虛張聲勢而已。或是邀約異性：「下次一起去吃個飯吧！」時，沒先弄清楚5W2H的話，也無法進行。

隨時留意5W2H，預防資料有遺漏

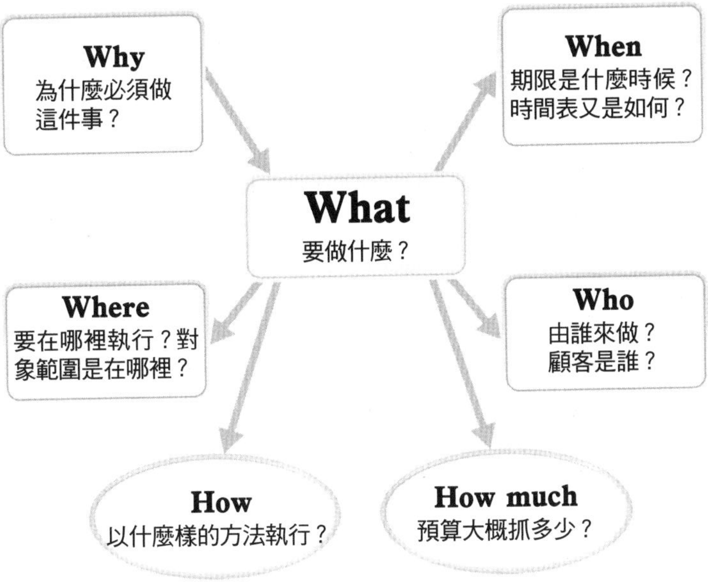
Why
為什麼必須做這件事？
When
期限是什麼時候？時間表又是如何？
What
要做什麼？
Where
要在哪裡執行？對象範圍是在哪裡？
Who
由誰來做？顧客是誰？
How
以什麼樣的方法執行？
How much
預算大概抓多少？

欠缺5W2H的失敗例子

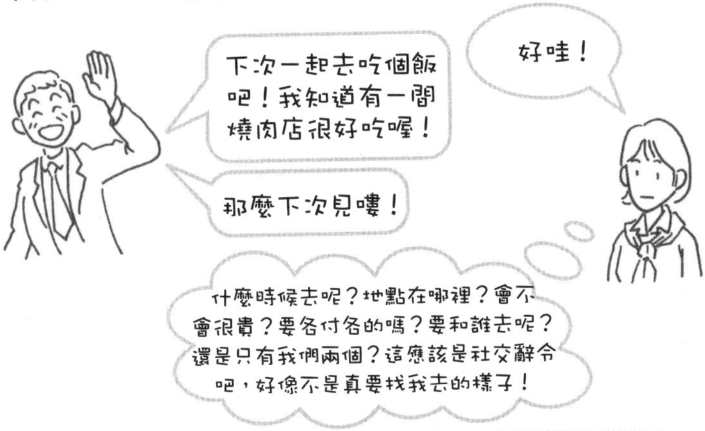
下次一起去吃個飯吧！我知道有一間燒肉店很好吃喔！
好哇！
那麼下次見嘍！
什麼時候去呢？地點在哪裡？會不會很貴？要各付各的嗎？要和誰去呢？還是只有我們兩個？這應該是社交辭令吧，好像不是真要找我去的樣子！

少了5W2H，提案無法具體實行。

更詳細地說，What指的就是目的，也是確立問題。Why是說明背景或提出問題，即「為什麼要這麼做？」之行為準據。When指的是時間、Who指的是對象「由誰來做？和誰？」、Where指的是地點、How指的是方法、How much則是「要花多少預算？其金額是多少？」。

⊙運用5W2H，先做出企劃書雛形

要檢查資料是否有破綻，可以使用5W2H做出檢測表（CHECK LIST）。有時候5W2H在自己腦中已經清楚了，但不見得能完全傳達給對方。舉例來說，如果只有傳達：「下個禮拜四要舉行會議。」卻沒事先說明「要從幾點開到幾點？」等訊息，與會者就無法安排自己的時間表。

一份企劃書當中，5W2H是極為重要的。如果少了5W2H，再棒的提案也不會進展到執行階段。只要把企劃書的雛形寫在記事本上，整理就很方便。例如，談生意的時候，就需要做一份「必須決定哪些事項」的檢測表。

這麼一來，只要拿企劃書的雛形當作參考，設定好目錄，製作企劃書就會比較容易。不錯失整體狀況，又涵蓋5W2H，製作企劃書當然會更輕鬆。

以企劃的目錄為雛形，完美呈現5W2H

階段	目錄（項目實例）	備註
①序論	●封面 ●前言 ●目錄	●企劃書外觀 ●儘量寫得能引人興趣 ●便於掌握整體狀況
②提出問題	●背景 ●現況認知	●追究其根本必要性 ●了解現況的劣勢所在
③主題設定	●目的 ●達成目標 ●對象範圍 ●前提條件	●將目標明確化 ●將目的更進一步具體化 ●將對象範圍明確化 ●確認必要的前提條件
④現況分析	●現況調查資料 ●現況的問題點	●附記所調查的資料 ●確立現況所存在的問題
⑤提出企劃案	●企劃的基本方針 ●企劃的整體概念 ●企劃的詳細內容	●確立解決方案之基本方針 ●解決方案的整體概念 ●解決方案的詳細內容
⑥評估企劃案	●期待效果 ●預算（所需費用） ●投入效果	●能否得到足夠效果 ●預算大概需要多少 ●投資報酬率是否足夠 ●將作業內容明確化
⑦執行企劃	●作業細節 ●時間表 ●推動體制 ●角色分配 ●推動時所需留意事項	●將時間表明確化 ●將體制圖明確化 ●將角色分配明確化 ●事先標明該注意的事項
⑧附加情報	●參考資料	●視狀況需要附上參考資料

第三章

思考有邏輯

確實捕捉事實真相，在思考的同時整理目的與問題。

15 有邏輯，才能有效傳達訊息

傳達自己的主張時，必須先分析所需的資料，按部就班。

⊙急於下結論或主張，論證將雜亂無章

硬要使主張與論證合理化，只會讓對方覺得你非常自以為是。報告時只說：「那家公司會破產啦！因為他的想法很怪，個性也很差。」應該沒有辦法說服對方吧！只因為先入為主的討厭感覺，就把主張及論證、佐證資料硬是結合在一起，將沒有任何說服力。此外，所主張的內容和論證、佐證資料無法連貫，會搞得對方一頭霧水。不僅無法傳達重要的情報，當事人自己也是一片混亂。這都是因為論證或佐證資料有破綻，又直接跳到主張所引起。

急著下結論或發表主張，而忽略論證及佐證資料等必要的情報，內容將會失去連貫性。因此，要講求邏輯，就得先保持冷靜，隨時留意對方吸收了多少程度的情報，以及

太急於下結論或主張，會讓論證雜亂無章

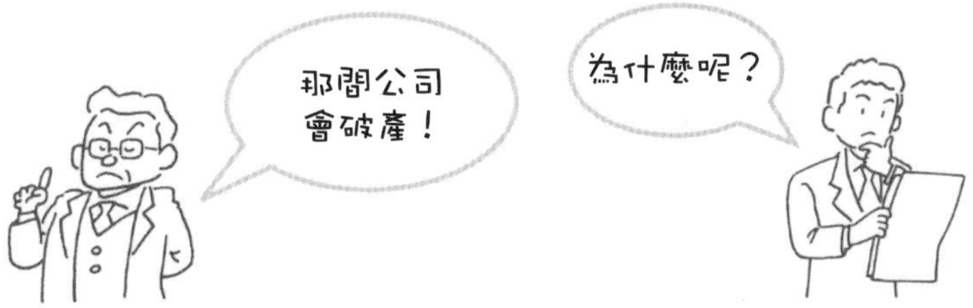
那間公司
會破產！
為什麼呢？

A先生　　　　B先生

對話

A先生：那間公司一定會破產的啦！
B先生：為什麼呢？
A先生：因為社長的個性太差了！
B先生：為什麼社長個性不好，就會導致公司破產呢？
A先生：因為那個社長的態度讓人很不順眼啊！
B先生：……。

問題點

- 先入為主的想法
- 感情用事、欠缺客觀性
- 論證不夠具體
- 固執己見
- 妄下定論

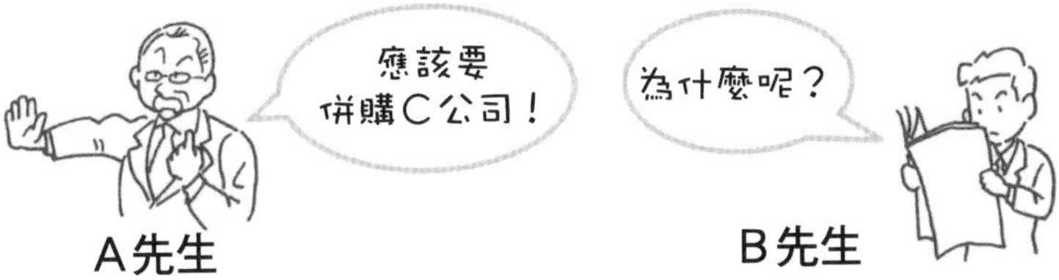
應該要
併購C公司！
為什麼呢？

A先生　　　　B先生

對話

A先生：併購C公司是勢在必行的！
B先生：為什麼呢？
A先生：因為C公司的股價一直跌啊！
B先生：但是C公司不是債務過多嗎？
A先生：可是C公司的技術很棒啊！
B先生：即使債務過多也值得併購嗎？
A先生：債務過多沒什麼好擔心的。
B先生：……。

問題點

- 話題沒有交集
- 未解除對方的疑問
- 自以為是，缺乏客觀性
- 論證不夠具體
- 證據不足
- 缺乏公平性

對方到底了解多少論證及佐證資料內容。

⊙先分解構成要素，思路不僵化

想要說服對方，必須先分解所需的情報，按照程序傳達給對方。儘管一一詳細說明很麻煩，但強迫對方接受的話，是無法說服對方的。就像對方跟自己說：「好好改善公司吧！組織的改革是必要的，而且別的公司也在做。」同樣激不起自己執行的念頭。

如果能按照程序，掌握「目的是什麼？」、「現況所存在的問題點是什麼？」，並且主張「這就是最適合的解決方案」，就能成功說服對方。

如果主張內容改為：「好好改善公司吧！目的是提高收益之企業體質。我們依照現況分析結果得知，不暢銷的產品仍在生產、庫存量大增，以致龐大的倉儲費用威脅收益。為了解決這個問題，我想建議，公司應該將生產至販賣的資訊一元化，開始改革。」較能讓人接受解決方案的必要性。所以，只要能有條理地排列論證，進而導出主張或結論，就能增加說服力。

思路不僵化，依循構成要素思考

不好的思考方式　思路僵化

好好改善公司

那麼，就來組織改革吧！因為別的公司也在做，是種潮流。

問題點不明確
- 為什麼組織改革是必要的？
- 執行組織改革就能達成目的了嗎？

好的思考方式　依構成要素思考

好好改善公司吧！

【目的】想轉變成提高收益的企業體質

【現況分析】確立公司的問題點
- 銷售利益分析　●成本分析　●庫存分析
- 工作流程分析（販售、生產、物流、採購、系統）
- 確立問題點

【主題設定】歸納適合自己公司的重點
- 將生產至販賣的所有資訊一元化。
- 減少全數庫存及改善現金流量。
- 暢銷商品的陳列及對於商品開發的回饋。
- 開發生產的前置時間（Lead Time）。

重點　因為有條理地列舉所需的資料，「為什麼必須檢討這個議題」的說服力就會增加。

16 區別事實與推測

避免妄下判斷，應該謹慎觀察事實背後的真相。

⊙「事實」與「推測」迥然不同

我們很容易固執己見，而自以為是的想法，大多出自累積過多的模糊判斷與推測，最後離事實愈來愈遠。事實和推測完全不同，要學著習慣去區別事實與推測的差異。所謂的事實，是具客觀性、且大家都無法否定的事。舉例來說，竹簍裡有三顆蘋果。如果每個人數過之後都是三顆，那就是不爭的「事實」。但是，「看起來很好吃的蘋果有三顆」也算是一件事實嗎？好吃與否必須吃過才知道，而且味覺的評價也是因人而異。所以，看起來好吃與否，只能算是個人的「推測」。

推測就是先觀察事實，並加上個人經驗及先入為主觀念後，再下最後結論。應極力避免。換句話說，關於「推測」，可以整理成「推測＝事實＋經驗或先入為主的觀念」。

事實與推測迥然不同

推測＝事實＋個人經驗、先入為主觀念

事實	任何人都無法否定的事（客觀）
推測	以事實為基礎再加上個人經驗或先入為主觀念（主觀）

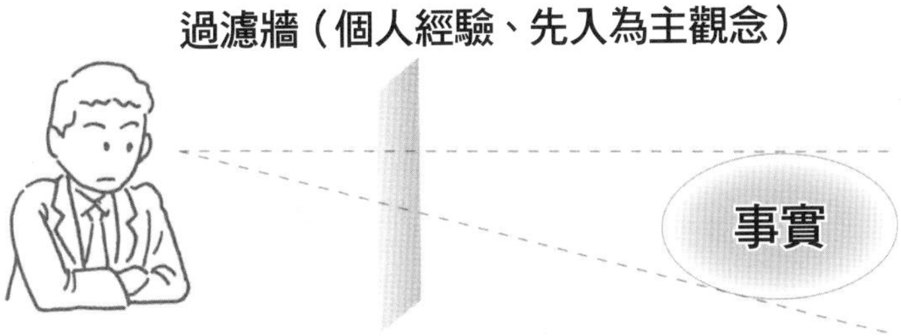

打破先入為主觀念的過濾牆，培養敏銳的「觀察力」！

●推測與事實差異之實例

推測	事實
因為他有打領帶，所以他是個上班族。	他有打領帶。
這間房間很悶熱。	這間房間的溫度是２５度，濕度為７０％。
那個人很匆忙。	那個人正在小跑步。

「觀察力」就是	觀察事實真相的能力。 能夠分辨事實與推測之別而思考的能力。

我們往往會無意識地透過個人經驗、先入為主觀念的「過濾牆」來看事實。

⊙依據事實思考

推測因人而異，會相差十萬八千里。雙方依各自的判斷而提出主張，往往使對話沒有交集。當你感覺到對話毫無交集的時候，先區別「事實」與「推測」的意義。為了培養看清事實的眼力，最好培養捕捉事實真相的觀察力。在陷入自以為是的想法之前，先好好地觀察一番吧！

所謂觀察，就是以肉眼去確認眼前真實的一面。請觀察左頁打領帶男性的插圖，「他是上班族」或「他是一位企業顧問」的說法都只算是推測。「他有打領帶」或「他的左手位置比右手還要高」，才算是事實。

警方辦案的時候，一定會調查的就是不在場證明。所聽到的情報不能全盤接收，應該要拿出證據或物證來區別究竟何為事實。

如果老是在自己腦中做一些不切實際的推測，容易因為與事實落差太大而失策。只要能依眼前所呈現的物證觀察事實，完全活用五官來判斷。如此一來，也能提高判斷力。完全活用五官就能刺激第六感，機智、聯想就會更有效果。

學會依據事實思考

試著觀察事實

觀察這位男性之後，請試
著列舉你所能了解的事實

觀察

事實

- 打著領帶。
- 穿著西裝。
- 左手位置比右手還高。
- 右手拿著白色物體。

觀察事實時，以現地現物完全活用你的「五官」

- 視覺（眼睛）
- 聽覺（耳朵）
- 嗅覺（鼻子）
- 味覺（舌頭）
- 觸覺（肌膚）解讀當時氣氛

↓

活用五官，以第六感發揮機智

17 時常提問「為什麼」

隨時自問為什麼，能更容易找出問題的本質。

⊙探究真理的時候，多提出疑問

「為什麼？」「WHY？」是提高邏輯思考水平的關鍵字，我們所面臨的問題當中，夾雜許多不同的原因，但都只能看到表面化的東西。如果能探究其內部的原因，就能看見問題的本質。

如果以冰山為例，浮在水面上的，就是那些表面的問題與障礙（Trouble）。即使問題解決了，沒有找出發生的根本原因，之後還是會陸續浮現問題。假設營業部門與顧客之間發生了問題。如果沒有追究為什麼會發生，日後還是可能出現同樣的問題。要追究原因，提出疑問是最有建設性的。提出質疑，就是踏出尋找問題發生原因的第一步。

時常思考「為什麼？」的人，無論成功或失敗，大多能從經驗中學習。即使成功也

不問「為什麼？」的人，只會一直犯下同樣的錯誤

發生問題時，立即提問為什麼以調查原因

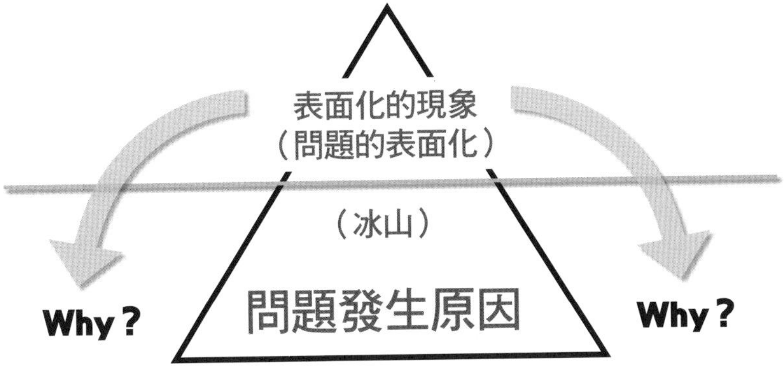
表面化的現象
（問題的表面化）
（冰山）
問題發生原因
Why？
Why？

思考「為什麼？」的人
（不論結果好壞都會反省）

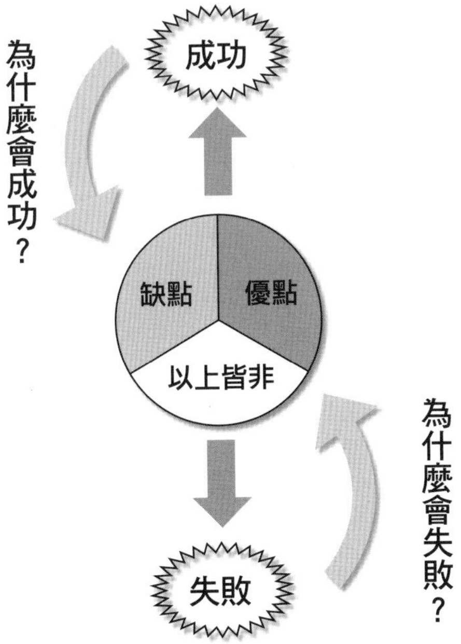
為什麼會成功？
成功
缺點
優點
以上皆非
失敗
為什麼會失敗？

不思考「為什麼？」的人
（只關注結果，怪罪於運氣好壞）

成功
●幸運
●運氣好
●自認為天才
缺點
優點
以上皆非
失敗
●可惡！
●運氣太差
●都是對方不好

不得意忘形或自我陶醉，會思考「為什麼會成功？」「雖然成功了，但還有必須反省的地方」從經驗中學習，獲得更進一步的成長。

不思考「為什麼？」的人，通常只會關心結果，不去追究原因。一旦成功，就得意忘形地認為是自己太優秀。一旦失敗，卻歸咎於運氣太差，無法學到如何把難得的經驗運用到下一次的挑戰或工作上。

⊙丟出問題之前，先想一想

儘量避免在短時間內草率地思考對策，試著停下腳步，提出「為什麼？」的疑問。舉例來說，「為什麼公司都不賺錢呢？」「為什麼業務電話都講很久？」等問題，試著多提出「為什麼？」在沒有追究原因的基礎下，產生的對策只會變成：「如果公司不賺錢的話，就想辦法讓公司賺錢吧！」「如果業務電話講太久，就徹底要求他們在兩分鐘之內掛斷」，這些對策不過是單純以相反方向去操作而已。

隨時抱持「ＷＨＹ？」的好奇心，表面的問題不過是冰山一角。找出問題發生的原因，一旦發現，就連根拔除。

停下腳步，試著想想「為什麼？」

提升公司利益之實例

公司不賺錢

追究原因（正確做法）

為什麼會不賺錢？

- 品質出了問題？
- 成本出了問題？
- 販賣出了問題？
- 生產製造出了問題？
- 開發出了問題？

↓

能擬出對症下藥的對策

草率地思考對策（錯誤做法）

那就想辦法賺錢吧！

- 減少員工的薪水吧！
- 縮減年終獎金。
- 讓員工加班但不發予加班津貼。
- 將販售經費減至為零。
- 激勵員工士氣。

↓

臨時抱佛腳的對策，員工提不起幹勁

講電話時間過長的對策

業務電話太多，而且講太久

追究原因（正確做法）

為什麼電話要講很久？

↓

客訴的電話很多

↓

為什麼客訴的電話很多？
其中以什麼樣的客訴居多？

↓

解決客訴問題

有助於改善問題

過於簡單化的對策思考（錯誤做法）

- 請員工在兩分內講完電話。
- 就用電子郵件對應吧！
- 建立電話客服中心（CALL CENTER）。

↓

- 客訴增加。
- 電話客服中心營運費用增加。
- 客訴使得銷售額遽減。

無法真正改善問題

18

「有／無」、「是／否」的思考模式

確立這兩者的差異之後，就能找出問題。

⊙何謂「有／沒有」、「是／不是」？

有工作能力與沒有工作能力的人究竟差異為何？為了比較不同或兩種相反的現象，我們運用「有」（IS）及「沒有」（IS NOT）模式，並依此製作表格來檢討。

我們將據說有工作能力的A先生套在「有」；把據說沒工作能力的B先生套在「沒有」，試著比較（請參照左圖），再將兩人的差異「A先生有的、B先生沒有」、「B先生有的，A先生沒有」寫出來。

由此可見，A先生和B先生在思考或行動模式上的具體差異。這樣的做法，「有」、「沒有」工作能力之間的差別，就很明確地出現了。

比較「有／沒有」、「是／不是」

IS 有、是	IS NOT 沒有、不是
有工作能力的人	沒有工作能力的人
有工作能力的A先生	沒有工作能力的B先生
嚴守時間	不守時
守信用	老是爽約
有任何變動時會提早聯絡通知	老是隨心所欲地臨時爽約
時常傾聽他人說話	我行我素、只說自己想說的話
具溝通能力	缺乏溝通能力
自動自發	老是借助他人力量
確實向上司報告結果	不向上司報告結果
確實做備忘筆記	從不做備忘筆記
事務處理所需的文件會較早提出	事務處理所需的文件總是很晚提出
親切對待同事	冷淡對待同事
客戶給予評價良好	客戶給予評價不佳
即使加班，也會完成當天的工作	下班時間一到就立刻閃人
沒聽過他發牢騷	抱怨很多
做事從不找藉口	藉口一大堆

A先生有的，B先生沒有
B先生有的，A先生沒有

↓

兩人差異的原因一目瞭然

相較之下，就可以看出平常所不能發現的地方

⊙比較改變前後之差異

所謂問題，意指所期望的基準值與現實有一段落差。當感覺此落差很異常時，就得視為一個問題。

舉例來說，假設目標是獲利十%，卻只有達成六%，我們就會覺得達不到的四%有問題。此外，如果設備故障而中斷生產，和正常運轉狀態下比較起來，也一定會感受到落差。

發生問題的時候，要追究原因的話，比較並檢討問題發生前和發生後會比較有效果。將落差（差異）明確化之後，就能清楚知道改變的前後，究竟有什麼變化？什麼是沒有變的？進而有系統地追究到底是什麼原因引起變化。

以A產品原本銷路很好，現在銷售額一直下降為例。

我們試著把變化前、暢銷時的狀態設為「IS」，把銷售變差的狀態設為「IS NOT」，並做成比較表如左圖。比方說，在改變前的競爭企業有三家，競爭產品種類有九種。然而，在改變後有一家新公司加入，競爭企業變為四家，競爭產品種類變成十二種。所以，一家新公司的加入以及新產品的介入，就是使A產品銷售額往下掉的原因之一。將兩者比較結果寫下來，就可以掌握整個狀況，思緒也變得比較清楚。

比較「有／沒有」、「是／不是」，不錯過任何變化

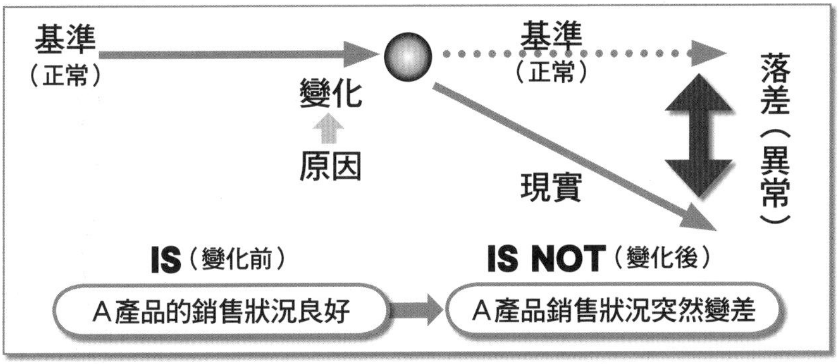
基準
（正常）
變化
原因
基準
（正常）
現實
落差（異常）
IS（變化前）
IS NOT（變化後）
A產品的銷售狀況良好
A產品銷售狀況突然變差

IS（改變前）銷售狀況良好時	IS NOT（改變後）銷售狀況變差時
●銷售量每個月增加５％	●銷售量每個月減少１５％
●競爭企業有三家	●競爭企業有四家（Ｄ公司加入）
●競爭產品種類有九種	●競爭產品有十二種（Ｂ公司及Ｃ公司的為新產品）
●全國熱賣中	●在首都周圍賣不好、市郊地區賣得不錯

儘速調查Ｂ公司和Ｃ公司的新產品銷路如何！

比較變化前後的結果「發生什麼事？」、「沒發生什麼事？」

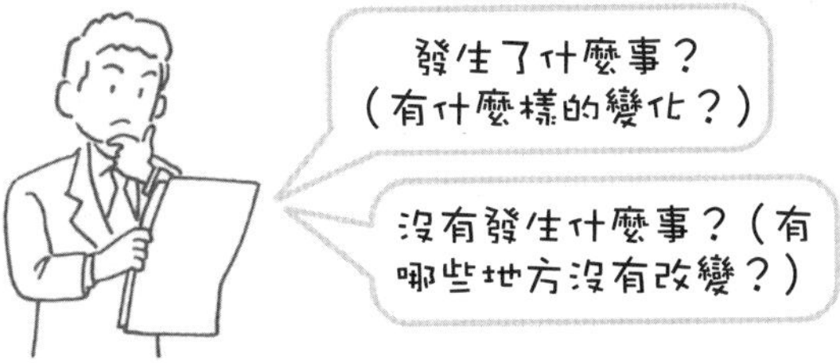
發生了什麼事？
（有什麼樣的變化？）
沒有發生什麼事？（有哪些地方沒有改變？）

了解差別在哪裡的人，可以清楚地比較出變化

19 用「消去法」去除不必要的選項

利用消去法重新整理資料、可能性或工作選項。

⦿去除不具可能性的項目

當必須做的事或選項較多的時候，我們就會比較難判斷哪個才好。這種情況下，如果需要從中篩選優先順序較高或較重要項目，消去法是最方便的。先就大範圍、概略地以水平思考檢視整體狀況。

以水平思考所有構成要素之後，刪去優先順序較低，或可能性較低的項目。再選定認為較重要的項目，並以垂直思考針對此項目深入調查。

舉例來說，假設「A公司的產品突然賣不出去」，除了使用前述的「IS／IS NOT」，也可以使用消去法（請參照圖說）。先腦力激盪（brain storming）一一列出有可能的原因，再評估各種原因的可能性大小或有無。然後將不具可能性，或可能性較低的項目刪

選出可能性較高的項目，縮小範圍

以水平思考將可能性較低的項目刪去

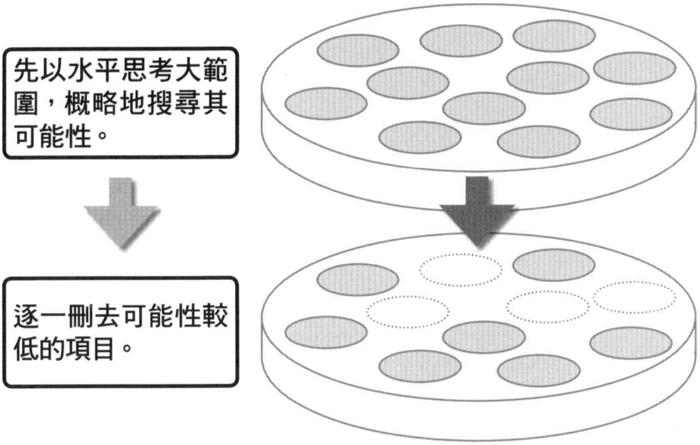
先以水平思考大範圍，概略地搜尋其可能性。
逐一刪去可能性較低的項目。

利用消去法篩選出可能性較高的項目

A產品突然賣不出去的理由（檢測表）	可能性		
	大	小	無
①市場被競爭對手的新產品給搶走	✓		
②因為品質不佳被抱怨、在市場上得到不好的評價		✓	
③銷售代理店的業績表現變差		✓	
④生產來不及應付交期（供給不足）			✓
⑤相關情報雜誌的評論欄中出現負面的評價	✓		
⑥部份的消費者團體發起拒買運動			✓
⑦無論是口碑或在網路上不斷出現負面評價	✓		
⑧熱賣期結束		✓	
⑨因財報時做假帳，使企業形象降低			✓

調查可能性較大的項目後，進行驗證。

去，就會留下可能性較大的項目。依可能性而將項目數縮減之後，再一一去驗證。

⦿先以水平思考擴大範圍

使用消去法最重要的是，在最初的水平思考階段中，不能有任何遺漏。如果一開始就錯過了真正的可能性，消去法就失去效用。

最常使用消去法的，莫過於推理小說。日本推理小說家橫溝正史的名作《八墓村》、《犬神家一族》是相當具代表性的例子。故事情節在鎖定了八名嫌疑犯後，從指證「兇手就在這幾個人當中」開始，身為偵探的主角金田一耕助展開了一場持久戰，一一消去不在現場的嫌疑犯，並推翻不在場證明。如果，一開始時，真正的兇手已被遺漏在嫌疑犯名單之外，消去法就沒意義。使用消去法前，務必擴大思考範圍。

而消去法也可以應用在工作上，早上一到公司，就先把該做的工作寫在紙上。再一件一件確實地完成。該做的工作減少，表示做得很順利，也能夠得到成就感。至於決定哪樣工作先做，可以先從能馬上解決掉的項目開始。只剩兩、三個工作的時候，都是比較需要花時間的重要工作。可以靜下心來，集中注意力完成。

消去法也可活用於日常生活中

用消去法找出推理小說裡的兇手

利用消去法減少工作項目吧！

完成	工作項目
□	①製作Ａ公司的業務企劃書
✓	②申請要去沖繩出差
□	③為補充庫存量、KEY IN下訂單
□	④寫信向Ｂ公司道謝
✓	⑤收發電子郵件
□	⑥製作報價單給Ｃ公司
✓	⑦聯絡客戶
□	⑧業務拜訪Ｄ公司的事前準備
□	⑨製作人事考核表
□	⑩製作會議記錄表

●將該做的工作寫出來，然後一件一件地確實完成。

●先解決掉可以馬上做完的工作之後，就會感覺比較輕鬆。

20 邊動筆邊確立思考過程

邊動筆邊思考，可將整體至細節部份深思熟慮一番。

⊙同時動手與觀察，邊寫邊動腦

有人說，手指為人類第二個頭腦。使用原子筆等筆記工具寫東西，可以刺激腦部思考。同樣地，在電腦鍵盤上打字也可以刺激腦部。因為書寫可以讓我們的聯想力變得更豐富，能讓思考變得更靈活的方法就是邊動筆、邊思考。依「思考」↓「動筆」↓「看」的順序不斷循環，頭腦就能變得很靈活。

為什麼動筆寫下來比較好？因為可以補足人類思考的缺點——人往往容易想到什麼事沒多久後就忘記，有如曇花一現，容易在瞬間全部忘掉。但只要寫下想到的事，就可以補強記憶力不足的地方。而另一個缺點是思考範圍太狹窄。人一旦考慮到部份，就容易忽略掉整體。如果只考慮整體，思考就會不夠深入。雖然很難大範圍地、深入思考整

手指是人類的第二個頭腦，邊動筆邊思考

手指是人類第二個頭腦
邊動筆邊思考

拿張Ａ３大小的白紙，寫下腦中所想的全部項目，
邊動筆邊思考

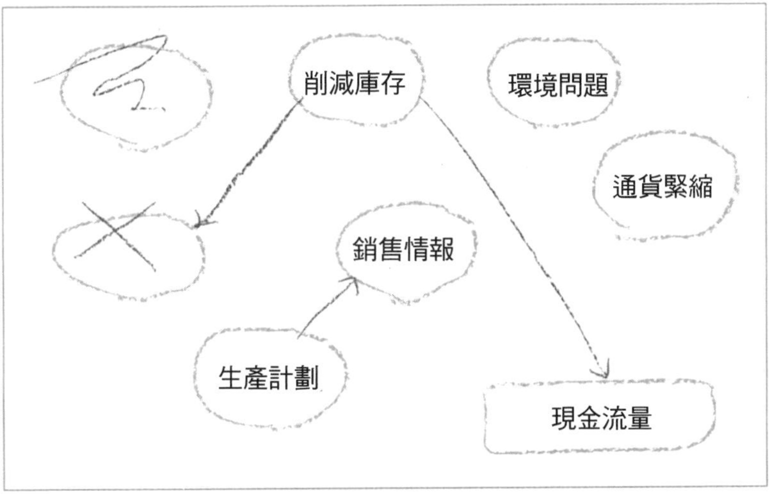

動筆的效果＝集中注意力＋記憶力補足＋啟發聯想力

體狀況，但如果寫下思考內容，就能補足記憶力之不足，親眼確認並弄清整體與部份之間的相互關係。如果都不動筆，只靠思考，容易在同一個地方打轉。為了能邊動筆邊思考，可以準備一張A3大小的空白紙（沒有格線等任何記號），將所想到的事實都寫下來。就像寫草稿一樣，不用怕失敗，儘量試著寫寫看。

⊙利用圖解法思考

以圖解來表示資料的話，可以在腦中做整理，提高思考能力。有關圖解的技巧，可以利用所謂的「圖解三利器」。

所謂圖解三利器，指的就是圖形框、箭頭、關鍵字。關鍵字不是長篇大論，而是單字或簡潔有力的文句。如果只用圖形框將關鍵字框起來，就不是圖解。如果寫的又臭又長，就只是在寫一篇文章而已。為了不讓靈感在瞬間忘掉，最有效的方法就是在短時間內寫下簡短有力的文句。

在草稿的階段也沒問題，能意識到圖形框配置（layout），就可以做出圖示與文字均等的圖解。開始考慮如何配置，檢視整體狀況吧！

利用圖解法思考

巧妙運用圖解三利器

●只以圖形框標出關鍵字（文字），不算圖解

圖形框
關鍵字
（文字）
箭頭
（線）

●不拘泥於文字。
●文字也是圖解的要素之一。

●圖形框再加上箭頭（線）的話就能靈活運用。

繪製邏輯樹狀圖時需要注意的重點

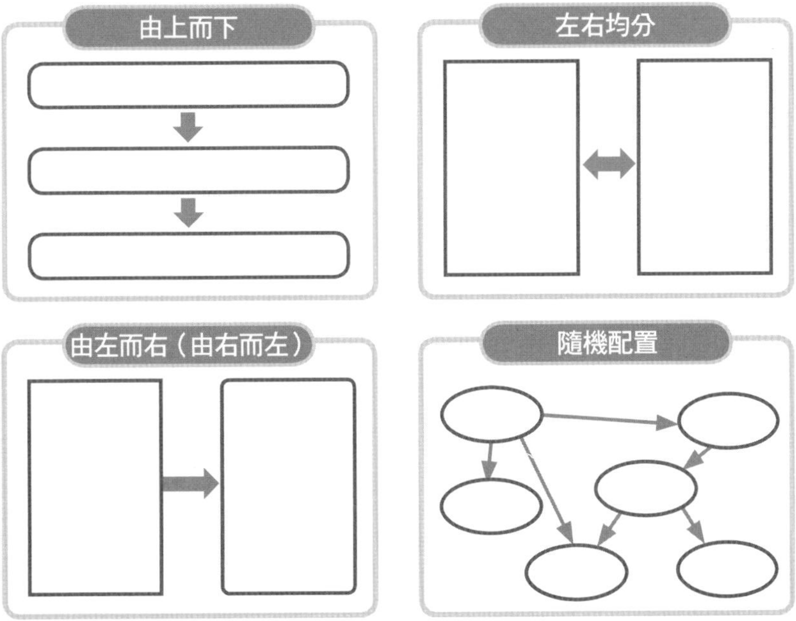

由上而下
左右均分
由左而右（由右而左）
隨機配置

21 依照邏輯找問題

發現問題點之前，先找出理想與現實之間的落差。

⊙問題，即理想與現實之間的落差

所謂問題，指的是與基準值之間的落差。一旦和基準值有了落差，就得採取修正措施拉回基準值。而所謂的狀況，就是指暫時處於基準值以外的狀態。所以，解決狀況，就是消除基準值與現狀之間的落差。

那麼，狀況和問題是否相同？「問題」所包含的範圍比較廣。而「狀況」則單指突發性的落差，所以問題包含突發性落差及長久性落差。而長久性問題必須多下工夫解決，假設平常在產品加工的時候都會有三％的材料減損。如果訂定「應該將材料減損之三％減至一％」的高目標，就會產生新的落差，進而被要求解決問題。如果不想將長久性問題置之不理，提高危機意識，就要設新基準（目標）。

問題，即與基準值之間的落差

什麼是問題？

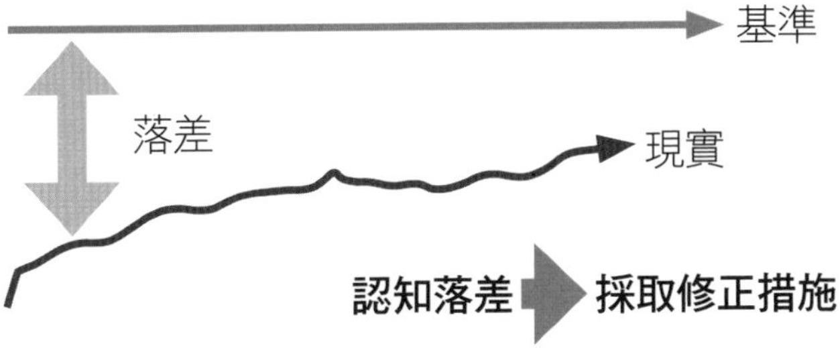

解除狀況，將現實狀況拉近基準值

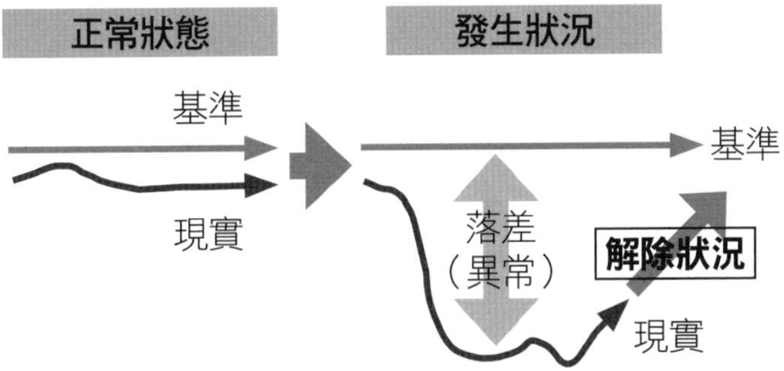

提高基準值以提升危機意識

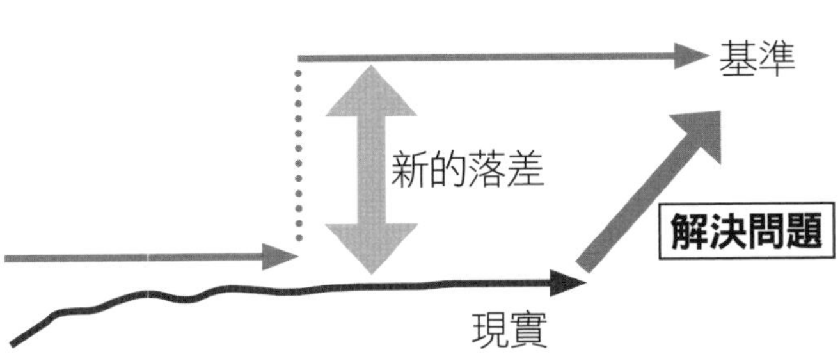

⊙利用圖解，有系統地思考問題基本架構

圖示解決問題的流程如左頁，這是問題的基本架構圖。首先設定理想的目標，現況分析之後，找出理想與現實之間的落差，當作需要解決的問題，並設法提出解決方案。

確立思考過程是邏輯思考的一環，要是怎麼做都找不出解決方案，或不知道到底是在做什麼的話，永遠都不能解決問題，最後只是以見招拆招收場。思考問題解決的過程，也可說是問題解決的攻略本。

將理想狀況明確化是改革的特徵之一，先設定主題，再將理想狀況明確化。然後做現況分析、收集相關情報。一旦找到問題點或解決問題的任何線索，就可以開始擬訂改革方案。此外，如果在擬訂改革方案之前有任何改革方針，擬訂工作就會變得比較簡單。執行改革方案後，若能達到理想的狀況，問題就算是解決了。

邏輯思考在找出問題點、解決問題上很有幫助，所以想解決任何問題的時候，不妨依循這樣的過程思考。

問題的基本結構圖與解決問題的基本步驟

問題的基本結構圖

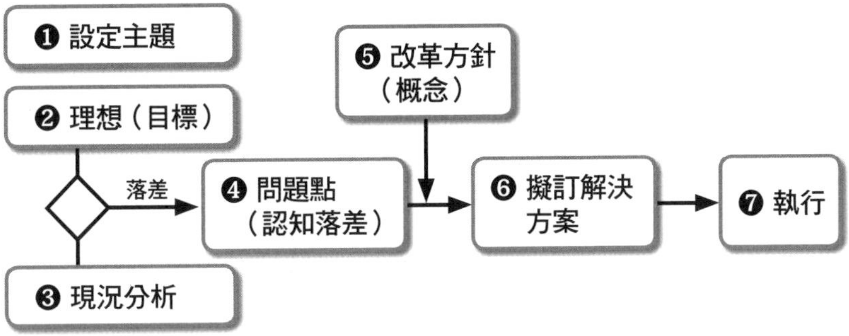

解決問題的基本步驟

❶ 設定主題	●以先行研究認知現況。 ●決定主題名稱、目的、前置時間等。
❷ 理想（目標）	●確立想達成的目標及主題目標達成後的實況。 ●設定更具體的目標。
❸ 現況分析	●掌握現況的確切資料。 ●收集具可行性解決方案所需的情報。
❹ 問題點（認知落差）	●將理想與現況之間的落差視為問題來處理。 ●將危機意識共有化、並尋找解決問題的線索。
❺ 改革方針（概念）	●將為突破現況所提出的改革方針明確化。 ●使解決問題基本該有的思考方式（概念）明確化。
❻ 擬訂解決方案	●以理想狀態為目標、擬訂具體的解決方案。 ●製作執行計劃、確保（解決問題之）關鍵人物及預算。
❼ 執行	●解決方案的執行與執行結果後的評估。 ●提出修正方案與主題的結束。

第四章

書寫有邏輯

寫出自己想說的話，完整地傳達給讀者

22 讓文章有邏輯的祕訣

弄清楚想要傳達的目的或主張內容，動筆寫文章之前，先設定好章節。

⊙為什麼寫不出文章？

我想有很多人都會覺得自己寫不出文章，或不善於寫文章。我自己也曾是其中之一，寫文章最重要的就是確立目的與主題，先整理出自己想要表達的內容。當你只把重心放在主詞是什麼的時候，代表你想寫的東西都還沒有整理好。所以，最重要的是先弄清想要表達的內容，再考慮文章書寫的方法。

利用邏輯金三角整理要傳達的內容也是不錯的方法，如左頁下方的圖，想想如何使用邏輯金三角寫出有關「中國股市的長期展望」文章。主張內容是「投資中國股票」，佐證資料為中國的經濟及股票市場的狀況，論證則為至今國際性經濟發展的法則。

先整理出主張內容、佐證資料及論證，接下來的重點就是在寫文章的前提之下，確

寫文章之前該做的事

為什麼寫不出文章？

寫不出的理由
- 文章目的及主題不夠明確
- 立場及讀者對象不明確
- 不合邏輯
- 章節設定並未整理出頭緒

開始寫文章之前
- 想要傳達什麼？
- 要傳達給誰？
- 如何說服對方？
- 章節設定是否明確？

先確立想要傳達的內容，再考慮文章寫法。

利用邏輯金三角，確立想要傳達的主張內容

實例：中國股市的長期展望

長期看來，中國股票應該會上漲吧！
在上漲之前趕快投資中國股票吧！

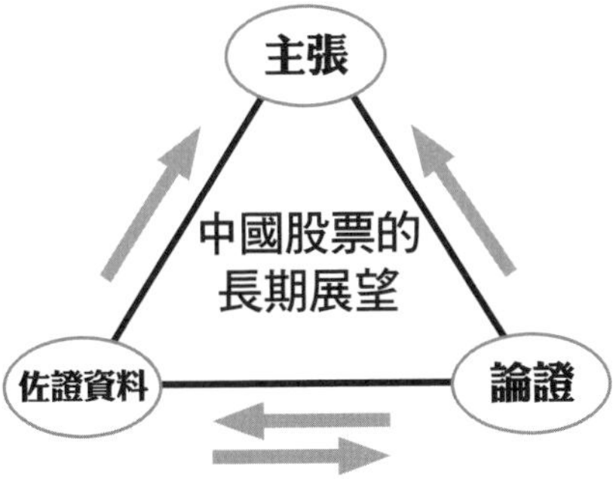

作者：投資評論家
主題：中國股票的長期展望
目的：建議讀者投資中國股票
讀者：個人投資者

- 過去的股票分紅、股票分割
- 股價變動、股票市場的特徵
- 企業成長率、企業情報
- 中國擁有世界上屈指可數的成長率
- 貿易盈餘、經濟成長
- 投資金錢的流向

- 十三億的人口、潛在消費需求
- 奧運及萬國博覽會使景氣好轉
- 投資於世界各國的金額增加
- 面值股票比較容易投資
- 然而風險比日本股票高

立書寫文章的人、主題、目的及讀者對象。

⊙寫文章之前先設定章節

如果主張內容或論證不夠明確，只會讓你不斷地重寫，很難有進展。寫沒幾行就不斷重新確認是否該修改，永遠在打轉。

所以寫文章之前，最好先把章節設定好。除了邏輯金三角外，還有其他方法可以透過邏輯方式表達。將主張內容放在第一段，再把論證整理成三個部份。即使想要表達的內容再多，只要將重點濃縮成三大點，就能在腦中清楚地整理，也比較容易讓對方理解。接著將證明的佐證資料整理在論證之下，就可以提高論證的可信度。

在寫成文章之前，先將主張內容及符合邏輯的章節設定寫出來。如果能做到這點，就能在腦中整理清楚，就能判斷，並做好寫文章的準備。章節設定為「序論↓主張↓論證概要↓各論證詳細內容↓主張內容之結論」的雛形，寫起文章也就容易多了。

寫文章之前先設定好章節

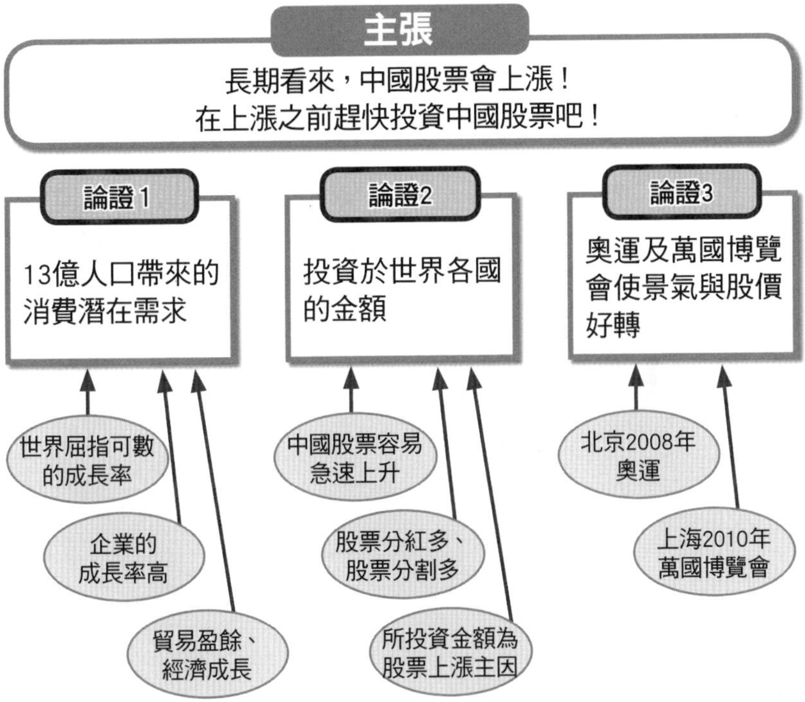
主張
長期看來，中國股票會上漲！
在上漲之前趕快投資中國股票吧！
論證1
13億人口帶來的消費潛在需求
論證2
投資於世界各國的金額
論證3
奧運及萬國博覽會使景氣與股價好轉
世界屈指可數的成長率
企業的成長率高
貿易盈餘、經濟成長
中國股票容易急速上升
股票分紅多、股票分割多
所投資金額為股票上漲主因
北京2008年奧運
上海2010年萬國博覽會

章節設定實例

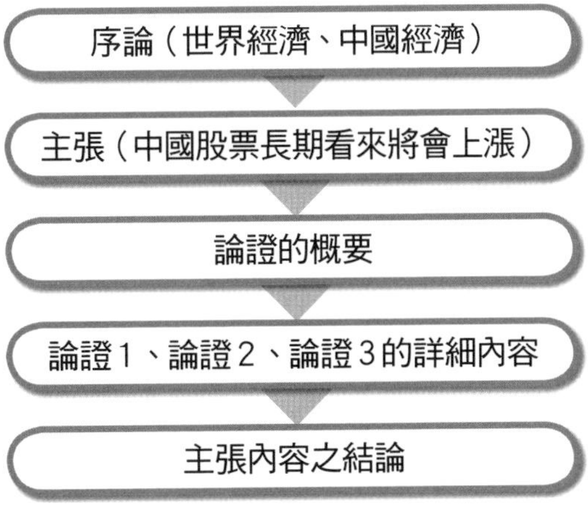
序論（世界經濟、中國經濟）
主張（中國股票長期看來將會上漲）
論證的概要
論證 1 、論證 2 、論證 3 的詳細內容
主張內容之結論

23 文章需淺顯易懂

不要將內容全擠在一起，站在讀者的立場，寫出淺顯易懂的文章。

⊙一個句子表達一個訊息

一篇文章放入各種不同情報的話，只會讓內容顯得太複雜。一篇文章中，想傳達的內容只濃縮成一個，就能讓文章顯得簡潔有力——一個句子表達一個訊息。其祕訣就在於，隨時注意將一則訊息控制在二十個字以內。這樣可以簡單地整理成「一個句子，一個訊息」，利用這個方法，主張內容將會更明確，並能傳達出清楚的訊息。

謄寫文章時，先以「一個句子，一個訊息」的規則分條寫出，也能有效整理主張內容或論證（請參照圖說）。如果只是隨意地條列，可以不用太在意助詞位置，也因為文章簡單易懂，所以較容易修改。

如何讓文章更淺顯易懂

一句話只敘述一個想要傳達的訊息

一個句子傳達一個訊息

- 日本的財政赤字直逼40兆。
- 日本財政安定與否值得懷疑。
- 增稅帶給經濟成長的阻礙。
- 個人所得的減少令人憂心。
- 國人的不安逐漸高漲。
- 節制目前的消費支出。

好 不好

訊息內容全擠在一起

- 日本的財政赤字已衝破30兆、直逼40兆，所以國人除了關心國家財政是否安定，也會擔心因增稅所帶給經濟成長的阻礙或個人所得的減少，國人愈來愈不安，也開始節制目前的消費支出！

不增加讀者的負擔

在寫文章之前先條列重要的部份

條列重點部份

- 日本的財政赤字直逼40兆日圓。
- 日本財政安定與否值得關心。
- 增稅帶給經濟成長的阻礙。
- 個人所得的減少令人憂心。
- 國人的不安逐漸高漲。
- 節制目前的消費支出。

文章

日本的財政赤字直逼40兆，持續這樣的狀況，國人開始關心國家財政是否安定。所以，當務之急就是早日脫離財政赤字的惡性循環。

然而，諸如提高消費稅等的稅金增加，將會直接抑制經濟的成長。因為大家擔心個人可支配的所得減少了，於是國人對於經濟與未來會更感到不安！這樣的結果之下，國人會慢慢開始節制自己目前的消費支出，所以必須早日脫離財政赤字，努力提高經濟成長率。

「每句話控制在20個字以內」

⊙不要讓文章內容偏離邏輯

無論是講話或寫文章，如果論證內容跳開邏輯，就無法說服對方。此外，如果是對方所不知道的專業術語，即使再怎麼合乎邏輯，還是無法讓對方理解。舉例來說，文中提到「公司治理（corporate governance）很重要」，但讀者不知道「公司治理」到底是什麼，只會一頭霧水。在此說明，此為在「企業原本的統治者是股東」的概念下，以提高股東價值方式來經營。

如果讀者非特定領域的專家，最好儘量避免使用專業術語。使用專業術語的時候，最好能以括號標示註釋，或以「所謂的○○是……」解說。

一篇文章中，主語與述語是非常重要的。主語太過模糊的文章，只會妨礙讀者理解，有時候還會招致誤解。所以，為了讓文章淺顯易懂，儘量不要使用代名詞。在文學作品中常會使用「這個是……」、「那個……」等代名詞，不過在商業文書中，為了不引起誤解，儘量不使用代名詞。

內容跳脫邏輯，就無法說服對方

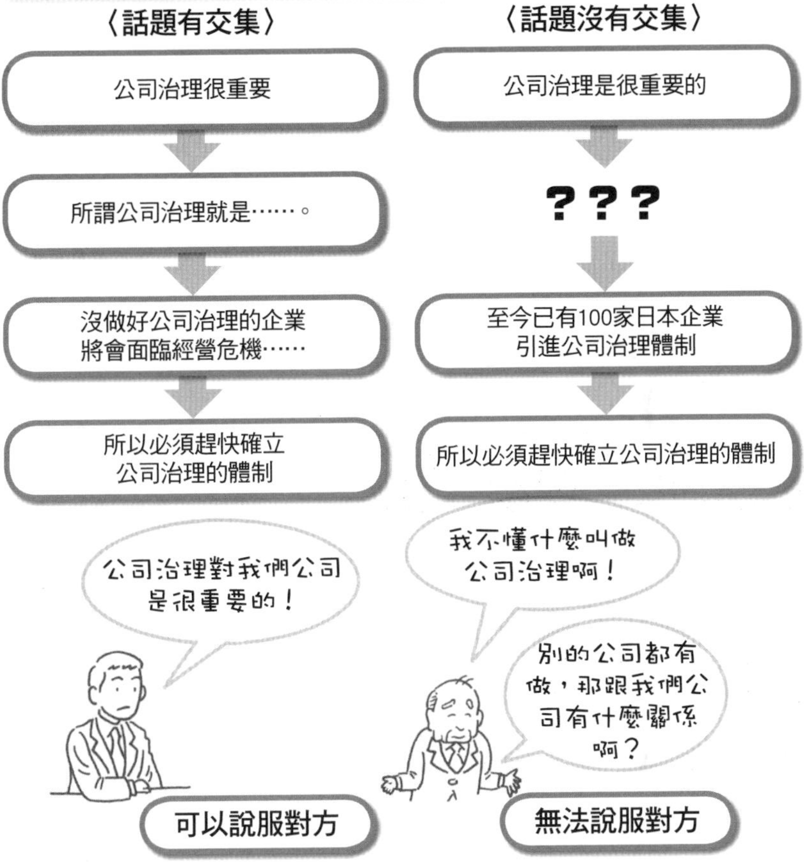
〈話題有交集〉
公司治理很重要
所謂公司治理就是……。
沒做好公司治理的企業
將會面臨經營危機……
所以必須趕快確立
公司治理的體制
公司治理對我們公司
是很重要的！
可以說服對方
〈話題沒有交集〉
公司治理是很重要的
???
至今已有100家日本企業
引進公司治理體制
所以必須趕快確立公司治理的體制
我不懂什麼叫做
公司治理啊！
別的公司都有
做，那跟我們公
司有什麼關係
啊？
無法說服對方

如果對方不太懂得專業知識時，為了讓對方理解專業術語，解說是不可或缺的。

重點

- 第一次出現專業術語或簡稱時，以「所謂的〇〇是……」解說。
  （例）「所謂SCM（Supply Chain Management，供應鏈管理）指的是……」
- 當讀者對象為商業界以外的一般人時，儘量避免用太多專業術語。儘量不要使用「那個是……」或「關於這個……」等代名詞，最好使用固有的名詞。
  （例）「關於這件事……」應改為「關於本部門的人事異動……」

24 不在電子郵件中使用容易誤解的文句

因內容及表達方式不同，電子郵件遠比面對面談話更容易引起誤解。

⊙不經意的措詞可能引起誤解

面對面談話的時候，感到「溝通不良」或「好像被誤解了」的當下，是可以在談話時修正的。然而在電子郵件中，就必須注意，避免引起對方的誤解。

你也曾收過讓你感到不愉快的信件吧！仔細想想，為什麼常有這些令人不愉快的信件？突然以「關於上次那件事……」貿然開頭的信件，沒具體寫清楚，對方根本不知道是哪件事。此外，沒有收件人姓名（先生／小姐）及寄件人姓名；或連問候語都沒有就直接切入主題；措詞太過強硬的信件等，不勝枚舉。

以電子郵件來往的時候，容易因為些許的不禮貌而讓對方感到不愉快，或因為說明不夠詳細而引起對方誤解，所以必須多加注意。此外，也不要單刀直入地表達個人情

電子郵件來往時的注意事項

什麼信件會讓對方感到不愉快？

令人不愉快的常見實例

- 唐突地以「關於上次那件事……」開頭，不知道到底是指哪件事
- 沒有收件人姓名稱謂（先生／小姐）及寄件人姓名的信件
- 沒有任何問候語就直接切入主題的信件

禮儀稍嫌不足	溝通不良	情緒缺乏控制
因措詞不當所引起的誤解或怒意。 用詞太過失禮。 沒有任何問候語。 沒附上收件人或寄件人的姓名。	無視於對方所提出的問題。 以電子郵件強制向對方提出請求，亦即未經同意的強迫行為。 因為解釋不清楚而讓對方無法完全理解。	用詞容易具批判性、攻擊性。 想說就說，不懂收斂。 主張過於強硬。
使對方感到不愉快，信用破產	**無法完全傳達給對方，引發誤解**	**惡言相向**

↓

以電子郵件聯絡時，需用詞淺顯易懂、委婉有禮、多為收件者著想

避免在電子郵件中爭執

電子郵件中常見爭執之特徵

- 電子郵件中的爭執，容易使情緒激動。
- 到最後雙方相互較勁對罵，難以收場。
- 雙方各說各話沒有交集，找不出解決的方案。

↓

極少有人在電子郵件中爭執而獲益
不想事後懊悔的話，儘量避免在電子郵件中爭執

↓

寫成面對面也能談的內容
回應客訴等重要場合或事情時，最好以電話或面對面進行

緒，容易陷入惡言相向的局面。

在電子郵件中爭執很危險，通常都是稍微溝通不良，就會引燃某一方的怒火，而導致雙方開戰。然而，電子郵件中的爭執，極少能和平解決，雙方的不快感只會愈來愈高而已。

在電子郵件中，容易不自覺地寫出面對面時不敢說的話。所以，寫電子郵件時，要隨時注意，內容得比照面對面談話時的內容。聯絡方式變成電子郵件的時候，以為隨心所欲想說什麼就說什麼，只會讓人覺得你判若兩人。

⊙基本禮儀與實體書信相同

在這裡試著將容易引起誤解的溝通方式按照順序排列，如左圖所示。可知最容易引起誤解的是電子佈告欄（BBS）或聊天室，而最不容易引起誤解的，是面對面談話。此外，就像一般人見面時會打招呼一樣，即使在電子郵件中，問候語也是不可或缺的。而且，即使文章內容很短，對方看信也等於佔用對方時間、勞煩對方，信末最好能放入一句「百忙之中打擾，真是不好意思」等招呼語以示誠意。

使用電子郵件時的建議

容易引起誤解的工具是什麼？

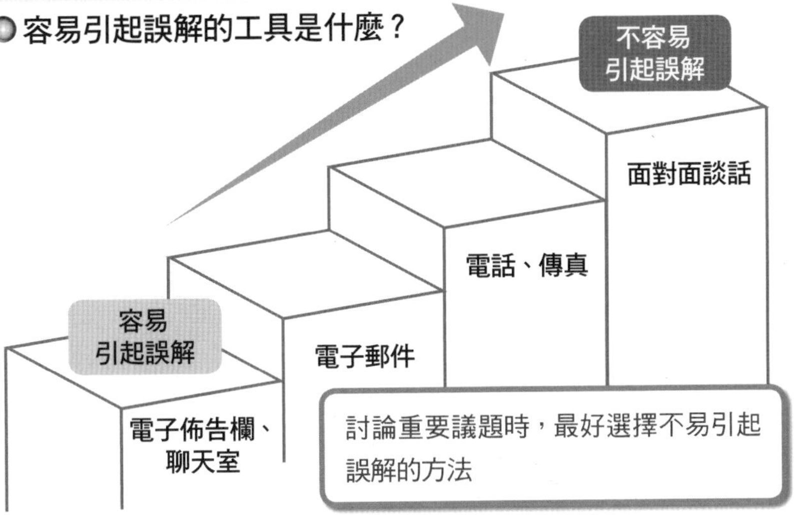
不容易
引起誤解
面對面談話
電話、傳真
電子郵件
容易
引起誤解
電子佈告欄、
聊天室
討論重要議題時，最好選擇不易引起誤解的方法

電子郵件的基本禮儀

- 註明收件人。
- 收件人之後以問候語開頭
  （例）承蒙您平日的照顧……
- 註明寄件人姓名或公司名稱等資訊。
- 標題簡單化。
- 用詞委婉。
- 重視對方情緒，不忘向對方致意。
- 不擅自決定對方的想法。
- 文章最後部份為重點歸納。
- 較不重要的部份可用附筆加註。
- 信件標題儘量簡單扼要。

使用電子郵件的忠告

- 喝醉的時候避免發信給他人。（因為變得不夠冷靜或思考跳脫邏輯）
- 儘量用詞委婉，注意文章措詞。（因為容易引起誤解）
- 焦慮不安時避免回覆信件。（因為容易引起爭執）
- 撰寫重要信件時，記得在發信前再次確認收件人位址。（可能不小心設定成發給所有信件聯絡人）
- 電子郵件為電話的替代工具，對方如果很緊急的時候最好儘速回信。
- 收到重要資料時，必須回信給對方告知已收到。

25 長篇文章必須先做好目次

文章不論長短，重點都在於目次。

⊙文章的寫作重點，就在於目次設定

想到要寫出長篇文章，可能就讓人唉聲嘆氣。不過，某些人覺得是長篇文章，對於其他人來說或許是少量。因為用對了寫作方法，也就是使用目次，將幾百字的內容分割成幾小段。

舉例來說，字數在三千字以內時，先分割成五至六個項目，一段大概幾百字（請參照圖說）。一個句組約四十個字，全段十二至十五行。再為各個項目下標題，也就是目次。列出讓對方容易了解的標題（目次），寫的人或看的人都會比較輕鬆。

如果字數在一萬字的時候，就將目次（標題）分成兩個階段。如果設定一個標題由五百字說明的話，就需要二十個項目。不過，二十個項目太多，不容易抓住全文結構，

文章的寫作重點，就在於目次設定

基本原則 先設定好目次，以五百字左右為一段。

字數約為三千字

3000字＝500字X6段

開始寫文章之前，先整理出約六個大標題

1．經營環境的劇烈變化
2．創造新價值能力的必要性
3．期望教育機會的員工
4．阻礙教育機會的主要原因
5．必須教育的內容
6．引進員工教育的方法

字數約為一萬字

1萬字＝500字X20段
20段＝5個項目X4小節

1．經營環境的劇烈變化
(1)承續既有做法將無法勝出
(2)世界等級競爭
(3)通貨緊縮經濟
(4)附加價值競爭的時代

2．創造新價值能力的必要性
(1)依樣畫葫蘆的方法將無法勝出
(2)開拓新產品
(3)開拓新顧客
(4)開拓新事業

3．期望教育機會的員工
(1)渴望教育的年輕人
(2)向前輩看齊、規劃十年後的自己
(3)公司不施行教育，員工士氣下降
(4)教育體制充實的人氣企業

4．必須教育的內容
(1)管理教育（MANAGEMENT）
(2)簡報教學（PRESENTATION）
(3)邏輯思考（LOGICAL THINKING）
(4)溝通能力（COMMUNICATION）

5．引進員工教育的方法
(1)多種研修方法的選擇
(2)線上教學（e-Learning）
(3)社外研習講座（Seminar）
(4)社內研修

字數約為十萬字

10萬字＝1萬字X10個章節

1．研發企劃（Project）的時代
2．研發企劃型態經營之新潮流
3．研發企劃成功的條件
4．研發企劃的進行方式
5．研發企劃的要件
6．擬訂研發企劃的執行計劃
7．研發企劃的執行與評估
8．組織與團隊管理
9．如何撰寫研發企劃的企劃書
10．研發企劃之實例

以一萬字為一章、總共寫十章的話，合計十萬字

●目次設定成三個層次
第1章　研發企劃時代
1．所謂研發企業（Project）
(1)研發企業的定義
(2)研發企業的分類
(3)研發企業的特徵

2．為何研發企業演變為現今趨勢
(1)有必要突破現況
(2)既有組織的極限
(3)研發企劃的活用實例

可以再分成五個項目乘以四個小節。也就是說，設定目次時，先定出五項大標題，從這五項再各分出四項「小標題」。還有，一本書大約有十至十五萬字，像這種字數較多的狀況在設定目次時，一個章節放入一至兩萬個字，每一章再分大標題和小標題。

⊙設定目次的技巧

在寫文章之前，發現字數超過一千字時，就先設定好目次。做好目次，就可以將內容變得很迷你，掌握全文的大綱。如果字數超過幾千字，只要將目次分層次設定，就可以有條理地整理章節設定及標題。

首先，設定主題，然後弄清主要的讀者對象、主題名稱及目的。接下來完成目次的第一個層次，在章節設定或論文當中，相當於標題。

確立目次的第一個層次之後，再完成目次的第二個層次。將想表達的內容以關鍵字放進每個大標題或小標題。這麼一來，寫文章時只要看關鍵字就不會忘記要寫什麼內容。如果需要放入圖解的話，最好先把圖解做出來，這可以讓讀者更了解作者要寫的是什麼，寫起來也比較輕鬆。

字數約一萬字時，設定目次的技巧

step 1　主題設定

主題設定
- ●讀者對象
- ●主題名稱
- ●目的
- ●想要傳達的內容
- ●語調與文體
- ●完成期限

step2　目次第一層

- ●收集情報
- ●確立全文的邏輯安排
- ●設定目次

實例
1．經營環境的劇烈變化
2．創造新價值能力的必要性
3．期望教育機會的員工
4．阻礙教育機會的主要原因

step3　目次第二層

- ●將目次細分成兩個層次（小標題），並維持彼此連貫性

實例
1．經營環境的劇烈變化
(1)承續既有做法將無法勝出
(2)世界級競爭
(3)通貨緊縮
2．創造新價值的必要性

step4　補充關鍵字

- ●將想寫的內容以關鍵字放進小標題（內容將會更明確）

實例
1．經營環境的劇烈變化
(1)承續既有做法將無法勝出
景氣或銷售額逐年下降、通貨緊縮、人口少子高齡化
(2)世界等競爭
亞洲各國崛起、競爭激烈

step5　使用圖解

- ●確認所需圖解的個數
- ●決定圖解要用在哪個項目中
- ●先以POWERPOINT做成圖解

step6　開始寫成文章

- ●一氣呵成將文章完成
  ★確保時間是否充足，避免中途因其他事情而中斷
  ★一口氣完成，可減少重新確認內容的次數
- ●寫完之後記得校對

26 站在讀者立場書寫

文章的深度，取決於讀者對議題內容的認知及關切程度。

⊙遇上不具專業背景的讀者

除了讀者無法理解專業術語意義的情況，或讀者本身沒有足夠的知識，都很容易跳脫作者邏輯的範圍。例如，對懂經濟的人說：「在通貨緊縮下，向人借錢是不利的」或「現金很重要」，對方就能馬上了解。但如果對方對經濟不太有興趣，可能就會問「為什麼會這樣？」如此簡單的問題。

因此，不管寫什麼文章，都應該先預想讀者的專業水準。如果讓對方產生疑問，容易讓讀者有置身事外的感覺。所以，寫文章的時候，必須先預想目標讀者是誰。

疑問會中斷讀者的思路，因為無法理解內容，以致徒增閱讀的時間。讀者思路因此在原地打轉，無法跳脫出來。

什麼時候會發生跳脫邏輯專業的狀況？

如果讀者沒有專業知識，邏輯將無法成立

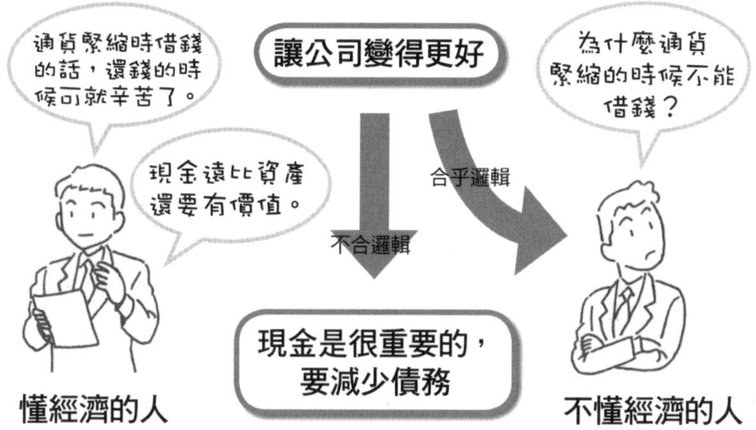

- 讀者對象及知識水準不同，對於文章的理解度將有差距。
- 如果讀者對象非專家，對於專業術語應另加解說。

讀者閱讀時如果有疑問，會中斷理解的思路

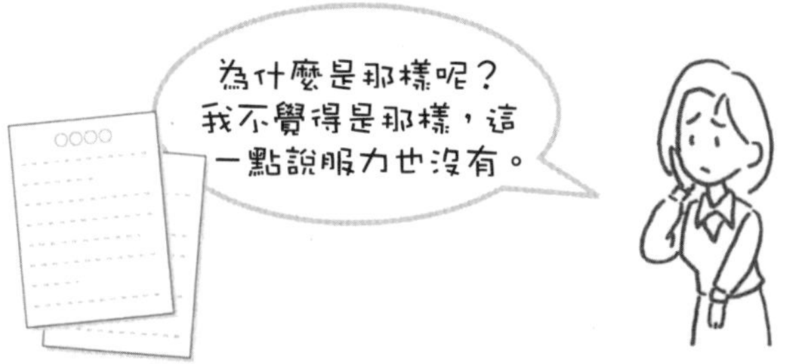

- 論證不明確時
- 佐證資料不充足時
- 讀者理解力的問題
- 佐證資料或情報非事實時
- 論證中有部份自相矛盾時
- 讀者對作者感到不信賴時

↓

注意不要跳脫邏輯，以免中斷讀者理解內容的思路

⦿結論要先下還是後下？

在商業界來說，似乎是先下結論比較好。現在是公司資訊化，情報氾濫的時代，也是凡事講求速度的時代。尤其現代人大多忙碌又性急，大多數的人都想要早點聽到結論。儘管如此，突如其來的結論或主張，會讓對方來不及做心理準備。所以應該先自然地慢慢切入，正確傳達主題與目的之後，再進入結論。

在談生意以外的場合，最好不要先下結論或主張。如果先提出結論，會變得太公式化，容易變得過於單調。以致於之後和結論較無關的情報都會被視為無用，當對方坐下傾聽，並想要好好說服對方時，不要太早下結論。結論先下或後下才會有效果，則取決於當時的場合及狀況。

結論要先下還是後下？

商業往來中，大多先下結論或主張（演繹法）

簡潔地提出結論（主張）

▼

說明結論為何正確

▼

視需要加入實例解說

▼

再次確認結論（主張）

結論就是……
其理由是……

- 可以在短時間內表達自己的主張。
- 忙碌或較性急的聽講者會比較想要先聽結論。
- 電話來往時，最好能先簡短地傳達重點結論。

商業往來以外的場合，比較不會先下結論（歸納法）

確立序論、主題

▼

傳達事實／佐證資料

▼

加上各種實地考察資料

▼

「因此……」導出結論（主張）

因為……
所以結論是……

- 可確實說服對方。
- 適合用於對方坐下認真傾聽時。
- 不適用於性急的對象或對方正逢緊急時刻。

27 決定各段落主旨

如果每個段落都能有條理，文章會更好寫也更容易讀。

⊙邏輯概要及字數的均衡是關鍵

每個段落開頭都有空格，所以能很方便地區分段落。將段落分清楚，文章就會變得更好寫也更好懂，寫作能力也會提升。

寫文章的時候，必須先設定各個段落，每個段落以數行字為基準。至於確切的基準行數，沒有絕對的規定，儘量以自己好寫及別人好讀為考量基準。以游泳來比喻的話，段落的區隔就像是換氣的時機。如果沒有換氣，游泳會很痛苦，換氣次數太多又會游個沒完。下列方法謹供參考，如果以二十個字為一行，大概六行左右（約一百二十個字）就可以起新段落。四十個字為一行的話，大概六行左右（約二百四十個字）就可以起新段落。

每個段落都明確地表達主張內容

要記得換行與另起新段落

例1 以二十字為一行的時候，超過一百二十字就起新段落。

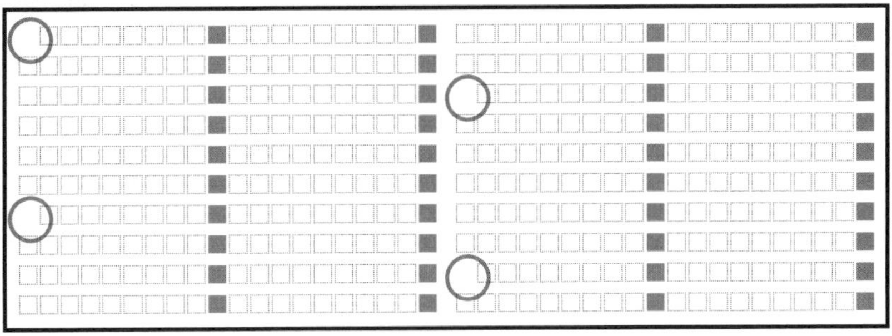

例2 以四十字為一行的時候，超過二百四十字就起新段落。

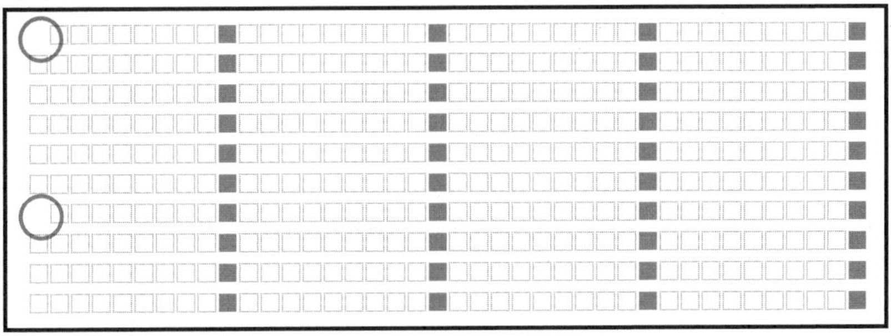

在每個段落確立要表達的重點

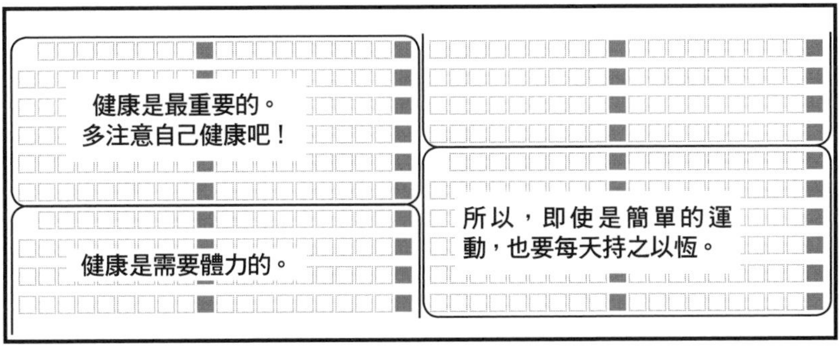
健康是最重要的。
多注意自己健康吧！
健康是需要體力的。
所以，即使是簡單的運動，也要每天持之以恆。

每段都明確表達出重點，就能算是文章達人。所以，寫文章的時候，每段都得要考慮到「到底要表達的是什麼」。這麼一來，就能抓好節奏，在段落之間完全傳達主旨給讀者。對作者而言，好寫的文章，才能讓讀者看起來很好懂。

⊙「舉例」──實例可以調節字數與段落

我們常會遇到必須增加字數，或相反地得減少字數。這裡提供一個操縱字數的魔法，就是「舉例來說……」。

加入「舉例」的對照，請參照圖說。A和B文章都是主張「運動是有助於健康的，不過可別忘了運動前的暖身操。」不過光靠這句話欠缺說服力，所以像B一樣加上「舉例來說……」的實例說明，就會增加字數。

相反地，如果要減少字數，拿掉一個「舉例來說……」就可以一口氣減掉好幾行。另外，把比喻簡化的做法也可以減少一至二行。為了減少字數，有些人會修改整篇文章的助詞或修飾語。這樣不僅很費時費力，好不容易寫出的漂亮文章也泡湯了。所以，不要拿整篇文章下刀，只要以實例部份為主調整字數，就能防止因為刪減太多字句而破壞邏輯結構。

善用魔法文字：「舉例來說……」

加入實例，理論會更易懂

A

大家都說運動對健康是有益的，然而如果沒有事前做暖身操直接運動，有時候反而對健康有害。所以在運動之前，一定都要做暖身操。

B

大家都說運動對健康是有益的，然而如果沒有事前做暖身操就直接運動，有時候反而對健康有害，所以運動之前一定要先做暖身操。
舉例來說，慢跑的時候，先做以阿基里斯腱為主的伸展操會更有效果。
其實前幾天，有個朋友沒做暖身操就去慢跑，弄傷阿基里斯腱，還住院兩個多月。這樣的話，或許不要慢跑還比較健康。

藉調整實例數量，也可調節字數

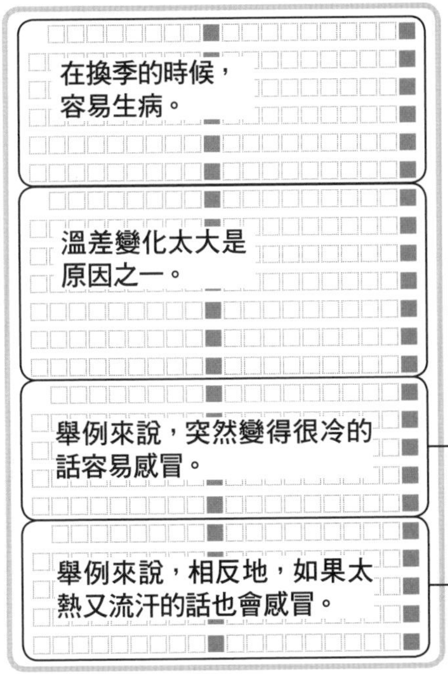

在換季的時候，容易生病。
溫差變化太大是原因之一。
舉例來說，突然變得很冷的話容易感冒。
舉例來說，相反地，如果太熱又流汗的話也會感冒。

- 在每個段落明確傳達「到底要表達的是什麼」
- 文字量的增減最好以段落為單位來下手

刪減實例就能減少份量

加上實例就能增加份量

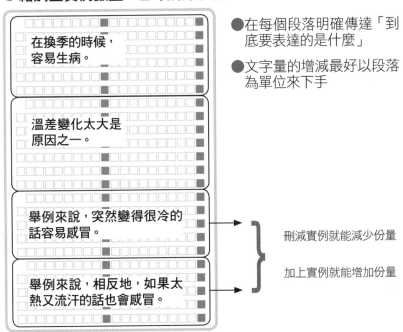

28

製作簡報前先設定目次

利用POWERPOINT製作簡報的重點及祕訣。

⊙先確立腳本及目次

各位工作者製作投影片、做簡報的機會應該愈來愈多，邊播放投影片邊在人前說話的機會也愈來愈多。尤其，進行企劃、發展新業務或做業務報告時，必須在人前說明的機會更是不可能少。

製作簡報時，或許有很多人因為抓不到整體架構而苦惱。的確，要突然做出許多頁的資料內容，很容易忽略掉整體結構或邏輯架構，這和寫文章一樣，請先依腳本做出目次，就能很容易掌握整體架構。

利用電腦做好目次之後，即使項目再多，也能清楚地概觀整體架構。而且，中途追加或刪除內容也比較容易。製作目次後，再與每張投影片對應，比較容易整合邏輯架

設定目次再做簡報

（主題）何謂策略性人力規劃

第一章　策略性人力規劃的條件（30分鐘）

（1）企業將會發生什麼樣的變化
- 日本企業所追求的價值觀轉換
- 相關企業的經營環境變化
- 無法突破現狀的時代
- 自行尋求答案的解題時代

（2）企業面臨選用人才的煩惱
- 企業選用經營者與管理職人才的煩惱（管理的疏失）
- 今後需要的人才（每位職員將被要求具有足夠的工作智慧）
- 工作者的角色變化（事務性工作轉移給約聘人員或工讀生）
- 今後所需要的人才產生兩極化

（3）企業所追求的理想是策略性人力規劃
- 能開拓未來的人即是策略性人才
- 經理人與管理人的不同，看重企業家精神
- 人才分散則求維持現狀，人才集中則求突破現狀
- 人員能否發揮策略思考的條件（確立願景與共有價值觀）
- 企業內的價值觀與know-how共有的重要性提高

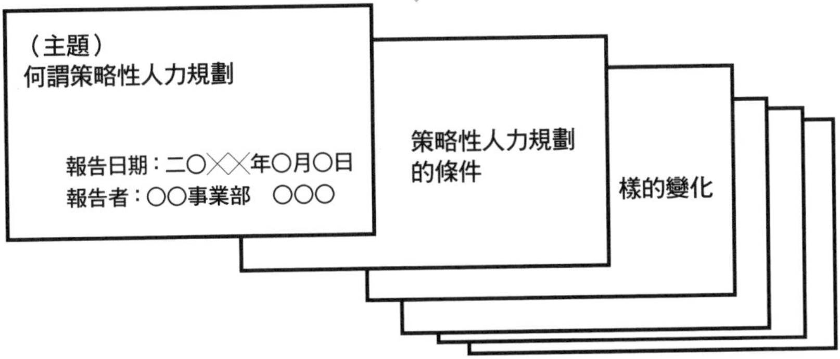

以目次為基礎、簡報製作更簡單！

構。而習慣操作POWERPOINT的人，常在上面輸入直接主題項目，也是很方便的做法。

⊙多利用「圖解三利器」與「圖解法」

只要學會圖解技巧，就能輕鬆製作簡報投影片。前述提過的圖解三利器是圖形框、箭頭、關鍵字，想要提高圖解力，還可以使用圖解法的威力加強版——共六種方法。也就是「相互關係圖」、「流程圖」、「組織圖」、「矩陣圖」、「表格與圖表」、「插圖」，製作圖解的時候，可以選擇其中一種或一種以上任意組合。

如果還是覺得自己不擅長製作圖解，可以選擇性地放入插圖，最能真實傳達印象。此外，利用人物圖像的對話形式表達，也是活用插圖的方法。

活用圖解法威力加強版，成為圖解達人！

相互關係圖

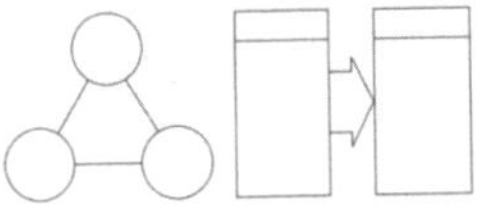

●表達相互關係
●表達因果關係

運用場合　資料整理、構成要素、概念的記述

流程圖

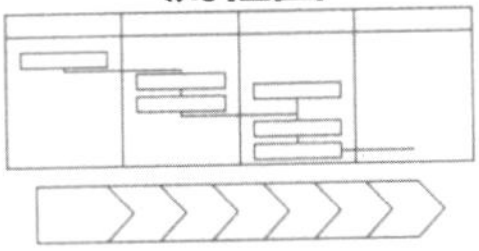

●表達步驟或順序
●分析過程

運用場合　業務分析、步驟指南、流程記述

組織圖

●分層次整理資料
●有系統地整理其大小關係或因果關係

運用場合　邏輯樹狀圖、課題整理、情報整理

矩陣圖

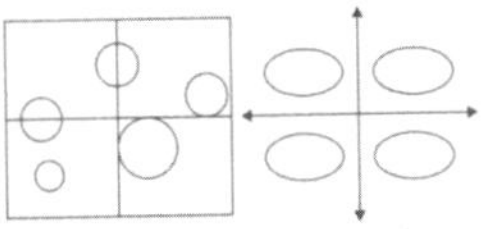

●運用座標軸的情報整理
●使用矩陣的情報圖解

運用場合　多元化分析、戰略分析、圖解（位置標記）

表格與圖表

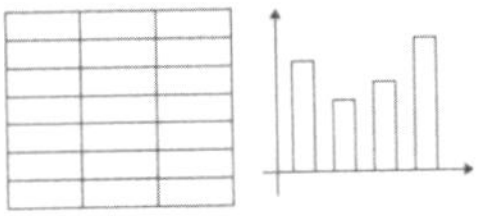

●利用表格整理數值或情報
●將數值情報圖表化

運用場合　銷售額分析、成本分析、情報整理

插圖

●以插圖的行為表達狀態
●以旁邊註記的對話傳達情報

運用場合　對話、傳達印象、減少文字量

第五章

談話有邏輯

雙向溝通，完整傳達自己的想法

29 說話有邏輯的祕訣

談話是雙向的，顧及彼此目的、利害關係，同時找出平衡點。

⦿說話高手也會是傾聽高手

為什麼和合得來的朋友聊天時很開心，但在商業場合要多講幾句話卻很痛苦？在談生意或在人前說話時，許多人潛意識裡覺得自己不擅長。

在人前說話的壓力讓人緊張，腦中變得一片空白，無法思考。而且在搞不清目的、不確定要說什麼，甚或內容大綱都不確定的狀態下，更沒辦法好好表達。一旦緊張，就無法發揮自己平常的實力。

也有人不擅與不親近的人對話，有句話說：「說話高手同時也是傾聽高手。」不擅長說話的人，不一定要採取主動，多讓對方說話也可以。

不擅長說話的人該怎麼辦？

為什麼不擅長說話？

為什麼？	原因
不確定自己要說些什麼	← **搞不清楚目的或主題**
內容大綱不確定	← **沒有先在腦中做好整理**
沒有說服的依據	← **情報不足，不清楚資料是否為事實**
精神上的壓力	← **覺得必須主動說話的壓力**
太過緊張而無法思考	← **腦中一片空白，告訴自己不能失敗的緊張感**
害羞	← **沒有自信**

不要迷惘，給自己多點信心！

多說不如多聽，聽聽別人怎麼說。

傾聽高手同時也是說話高手
（給對方機會多說話）

不傾聽別人說話的擴音器
（阻斷對方的發言）

原來如此，原來如此。所以呢？
嗯，沒錯。所以呢……
好的例子
不好的例子
所以啊，不對，我認為啊……
又是老生常談了……

- 多聽對方說話，彼此就會有交集。
- 可以多從對方身上收集些情報。
- 多傾聽對方說話，能給對方好心情。

- 雙方未建立良好溝通管道。
- 無法從對方身上收集到情報。
- 單向的聽別人說話，只會讓聽者感到疲累。

⊙茶水間的閒談與商業對話完全不同

商業對話中講求目的或利害關係，這樣的對話，是為了讓有目的或利害關係的雙方找出一個平衡點而進行工作。

另一方面，茶水間的閒談，是想開心地度過時間，不管聊什麼話題都好。只要能大家聊得開心，就達成聊天的目的，不需要任何結論。

那麼，簡報和人群之間的溝通又有什麼不一樣？簡報是建立在「一對多」的關係上，情報的傳達是單向的。一個人面對多數的人，以事前準備好的資料、內容大綱為依據，利用演講、播放投影片的方式傳達情報。在已確定內容大綱的簡報中，說服的依據必須都符合邏輯。

至於溝通，是以一個人為主角，在「一對一」或「多對多」的關係下，雙向地交換情報。因為是雙向的，所以談話的內容都會相互影響。在商業場合中，要特別注意內容合乎邏輯。如果不合邏輯，就無法建立完整的溝通。在溝通的場合中，如果只向特定的人簡報，參加者的意願會變低。所以，除了說以外也要多聽，留意讓整個談話內容前後都能合乎邏輯。

說話的方式視狀況而有所不同

商業對話與茶水間閒談不一樣

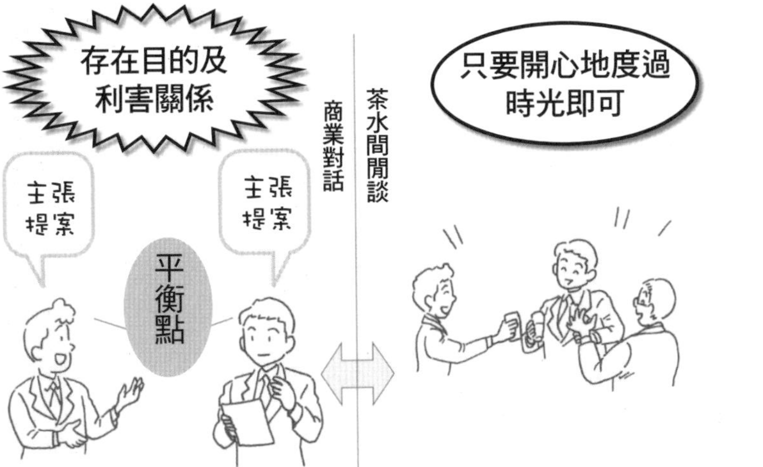

在商業對話中，從雙方的目標、利害關係之間找出平衡點。

朋友之間的聊天，只要聊得開心就好，不需要決定些什麼。

簡報與溝通不一樣

- 一對多。
- 單向傳達情報。

- 以一個人為主角。
- 雙向傳達情報。

在會議等場合中，只向特定的人簡報時，參加者的意願將降低

30 利用簡報說服對方

在簡報過程中，情報愈是豐富，愈能清楚地抓到重點。

⊙簡報為說服對方的技巧之一

簡報的目的，就是要說服對方，使對方贊成自己的主張或提案。然而，要說服對方，必須依照邏輯，而且正確地傳達，讓對方容易理解。

正因為這是個情報過多的時代，所以簡報內容講求淺顯易懂，並要能抓住重點。丟了一大堆資料，又要求對方一下子看完，沒有人會想看。這也是講求時間效率的時代，所以短時間內簡單地表達重點愈來愈重要。

例如，想在外資企業中出人頭地，除了英文要流利，簡報能力也是不可或缺的。據說某家外資企業要求員工得在三十秒內完成簡報，也就是說，當高階主管從總公司來到日本時，必須在一起搭乘電梯的三十秒內完成，也曾經有人因此而當上財務長。

簡報的目的

簡報是種說服技巧

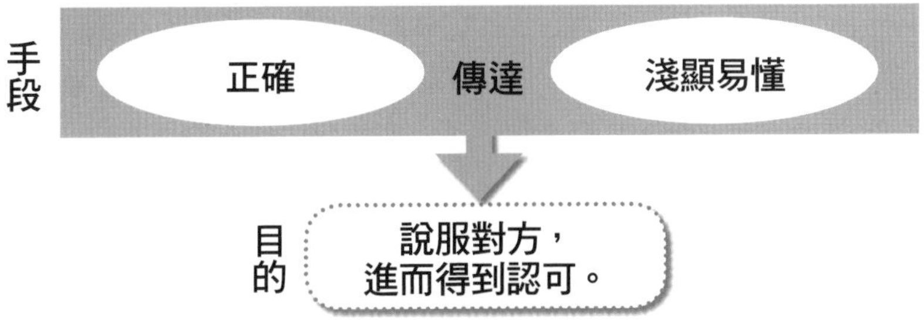
手段
正確
傳達
淺顯易懂
目的
說服對方，
進而得到認可。

資訊爆炸時代的當下，需要直陳重點

●資料沒整理
●資料過多
●時間緊迫
在短時間內
簡單扼要地傳達重點
這就是重點！
原來如此。
我懂了！

⊙簡報的三大步驟

簡報的時候，態度不能太消極，應該多把握說話機會。

在某間大企業中，參加管理課程的所有主管被要求必須在十五分鐘內在社長面前提出關於公司的提案。每個人口中都在呢喃著：「要是社長認為不及格的話，該怎辦？」感到很不安。我告訴他們：「社長可是為了各位，特別挪出一人十五分鐘的時間呀！一般來說，你要社長給你時間的話，他還不見得會理你呢！」以此提醒他們把握機會。

簡報有三大步驟，第一個是事前準備的「簡報之前」，第二個是正式上場的「正式簡報」，第三個是問與答之後的「簡報之後」。

一般來說，簡報的成敗，百分之八十取決於事前準備。所以事前準備要確實做好，然後正式簡報時，即使出錯也不要輕言放棄。只要能在問與答時讓對方肯定自己，就能扳回一城。

將簡報物化

簡報的利用場合及目的

對自己而言	對他人而言
●開始新的事物	●讓對方理解自己的想法
●作為突破現狀的契機	●想辦法讓對方感動
●盡可能博取較高評價	●讓對方爽快答應
●讓自己站在有利的立場	●讓對方提起幹勁
●多爭取機會	●使對方站在自己這一邊

簡報的三大步驟

step 1 簡報之前

●確認簡報的目的
●製作簡報的資料
●事前準備（會場、機器設備、彩排）

step2 正式簡報

●進行簡報
●提供淺顯易懂、正確的資料
●表達熱情，提升聽眾好感度

step3 簡報之後

●問與答時間
●變更要求或顧客需求的對應
●最終決定（生意敲定或通過企劃）

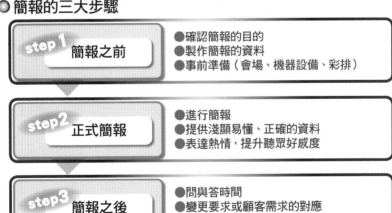

31 發言前將資料簡化成三個重點

人的記憶力有限，應該把手中資訊簡化成三個重點，或利用分類說明。

⊙人類記憶力有極限，最多只能記住約七個項目

如果一次說太多，聽講者也會一頭霧水。如果發表者能先整理過，即使內容再多，聽講者也能夠理解，而且記得起來。如果內容太多又沒有條理，不僅無法理解，也不容易記起來。

因為人的記憶力有限。一次所能記住的內容，最多僅限七個項目左右。

以買東西時所做的備忘錄為例，左頁上方中，左右兩邊的備忘錄，哪一邊看起來比較清楚？兩邊同樣都列出了十二種食品，不過左邊是分類過的備忘錄，是不是能讓你在購物時比較方便？

巧妙掌握大量資訊的方法，分類（Grouping）。就是先將同種類的東西聚集起來，再

以分類法毫不遺漏地整理情報

以下兩種購物清單，哪一種比較易懂？？

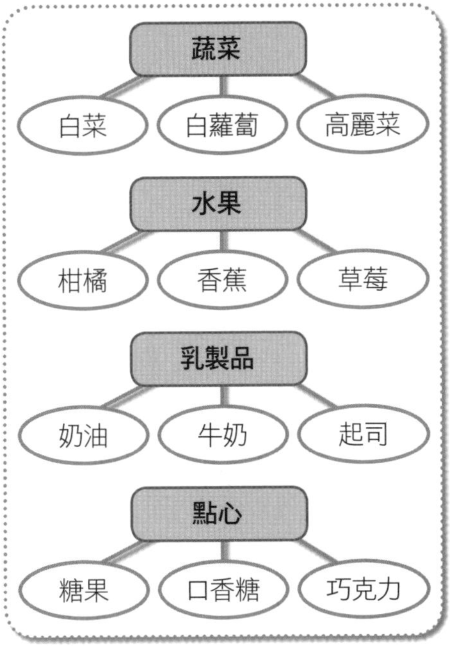

使用分類就能發現是否有遺漏

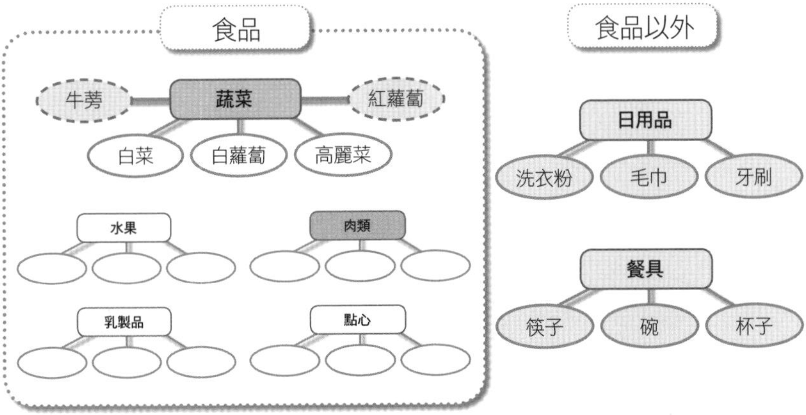

給予分類標籤（Label）。一旦分類之後，較容易注意到資訊是否有遺漏。比如說，利用「青菜還少了什麼？」、「水果還少了什麼？」的方法來找，就比較容易找出忽略掉的東西。此外，將「食品」作為大分類，也可以注意到除食品以外，還遺漏了什麼。如果項目超過七個，就用分類的方法處理。

⦿三個重點，容易傳達，也能減少對方負擔

聽講者一次所能自然記住的個數，大概是三個。如果重點能整理成三個，記憶力的負擔也比較小。如果你聽到對方說：「今天，有三件事情要傳達給各位……」會覺得自己能記起來。如果對方說：「今天有二十件事情要傳達給各位……」你一定會覺得根本記不住吧！

如果能將重點整理成三個，就能讓簡報更淺顯易懂。視情況而定，有時候比較不重要的情報必須省略。

此外，以相乘的方法，將資料整理成如四個項目（二乘二）、六個項目（二乘三）或九個項目（三乘三）的矩陣，能巧妙地應付更多的項目。

將資料整理得更淺顯易懂

將重點縮成三個左右，就比較容易看懂

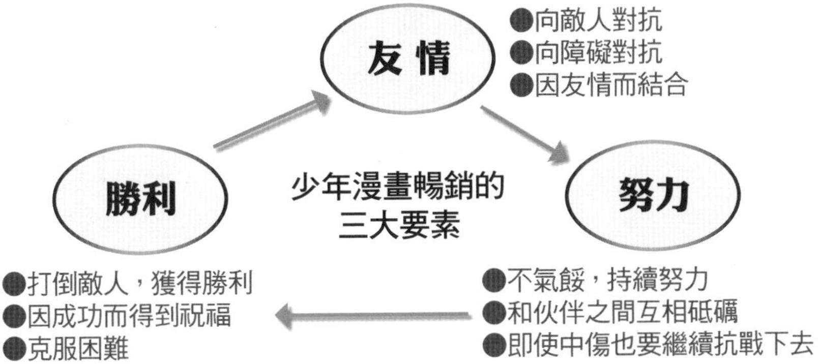
友情
●向敵人對抗
●向障礙對抗
●因友情而結合
勝利
少年漫畫暢銷的
三大要素
努力
●打倒敵人，獲得勝利
●因成功而得到祝福
●克服困難
●不氣餒，持續努力
●和伙伴之間互相砥礪
●即使中傷也要繼續抗戰下去

實際上能記住的項目數約三個左右

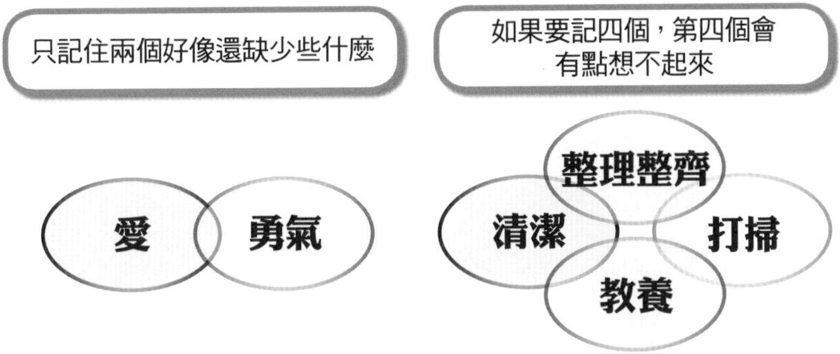
只記住兩個好像還缺少些什麼
如果要記四個，第四個會
有點想不起來
愛
勇氣
整理整齊
清潔
打掃
教養

以相乘的方法標示，即使項目增加仍可一目瞭然

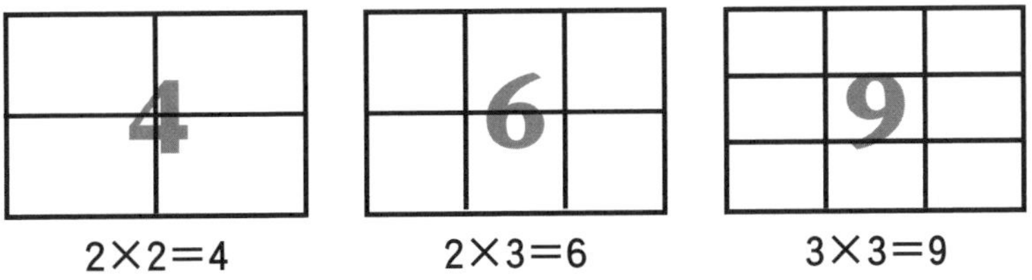
4
6
9
2×2=4
2×3=6
3×3=9

32 多利用金字塔結構

即使是三分鐘程度的演講內容，也能利用金字塔結構輕鬆完成。

⊙以金字塔整理主張內容及說服的依據

若將簡報的邏輯寫在一張紙上，可以選用金字塔結構（金字塔構成法）。也可運用在準備演講，或以製作投影片簡報，或用於確立文章寫作時的邏輯與故事情節。

金字塔結構可以有系統地整理邏輯金三角之「主張」、「論證」、「佐證資料」（事實或情報資料）。在最上段放置主張（結論），而最下段配置三個左右的論證，當作支撐主張內容的依據。接著，為了證實各個論證，再各放入三個左右的佐證資料。視需要加入實例，便成為具說服力的簡報。

金字塔結構也能運用於致詞或朝會場合的三分鐘演講上，手上一張演講大綱，就能清楚知道自己要說什麼，或自己現在說到哪裡。

多運用金字塔結構整理資料

金字塔結構應用於簡報

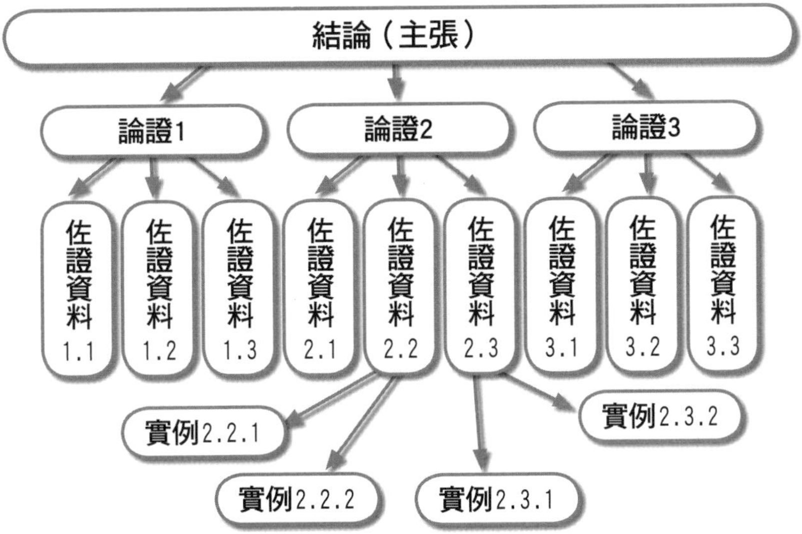

金字塔結構的簡報順序

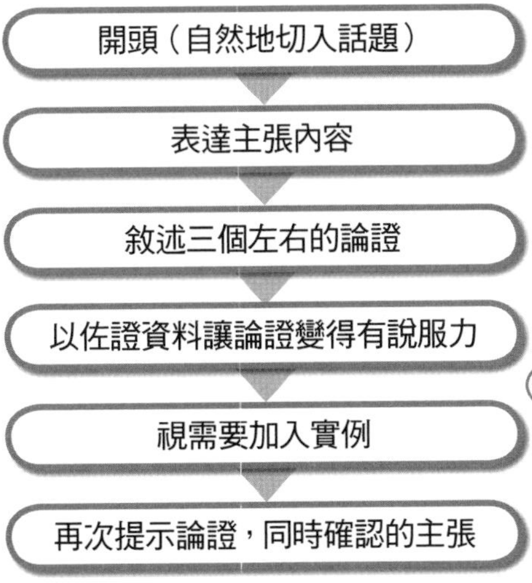

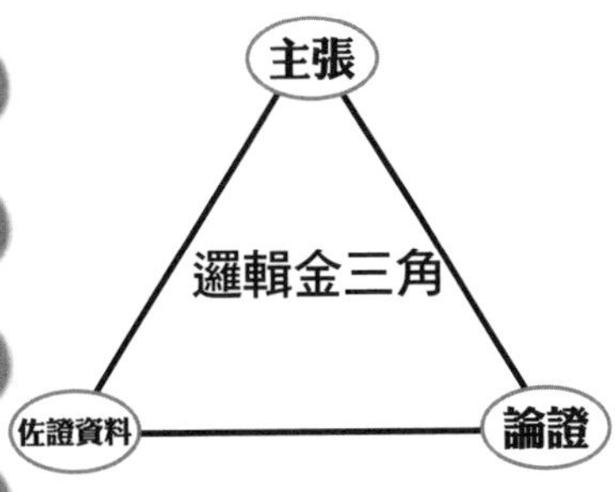

說話的順序，最好是自然地切入，然後表達自己的主張。接著再提出三個左右的論證強化主張，最後以佐證資料證實所提出的論證是否正確妥當。視需要加入實例能讓聽者感到親切或留下較深的印象，下結論的時候，再次確認論證及主張。

⊙試試三分鐘演講吧！

那麼，來試試將金字塔結構應用於三分鐘演講，先把金字塔結構的格式做出來。

提起話題的時候，最好選擇與主張有關係的話題。如果主張是「推薦購買薄型電視」，以訊號數位化、多頻道化、電影專用頻道等話題來開場會比較自然。提出主張之後，再列出三個左右的論證。

接著，為了增加論證的正確性，以具體的說法來強化說服力。例如關於「畫質很好」的論證，加上具體的實例來補足，以增加聽者的興趣。同時，也能讓聽者更有親切感或留下印象，加強說服力。

金字塔結構法應用於演講

試試三分鐘演講吧！

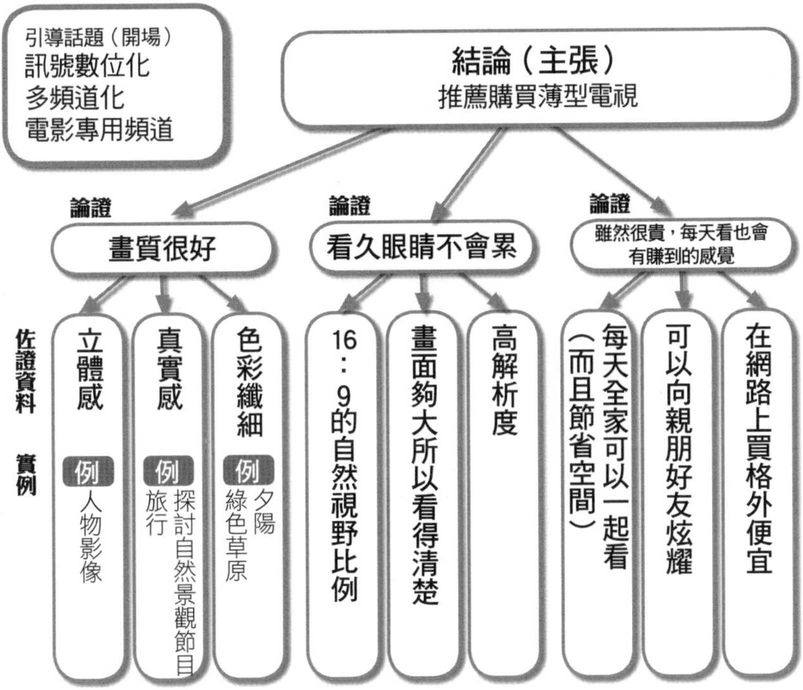

引導話題（開場）
訊號數位化
多頻道化
電影專用頻道
結論（主張）
推薦購買薄型電視
論證
畫質很好
論證
看久眼睛不會累
論證
雖然很貴，每天看也會有賺到的感覺
佐證資料
實例
立體感
例
人物影像
真實感
例
探討自然景觀節目
旅行
色彩纖細
例
夕陽
綠色草原
16：9的自然視野比例
畫面夠大所以看得清楚
高解析度
每天全家可以一起看
（而且節省空間）
可以向親朋好友炫耀
在網路上買格外便宜

金字塔結構的格式實例〔演講用〕

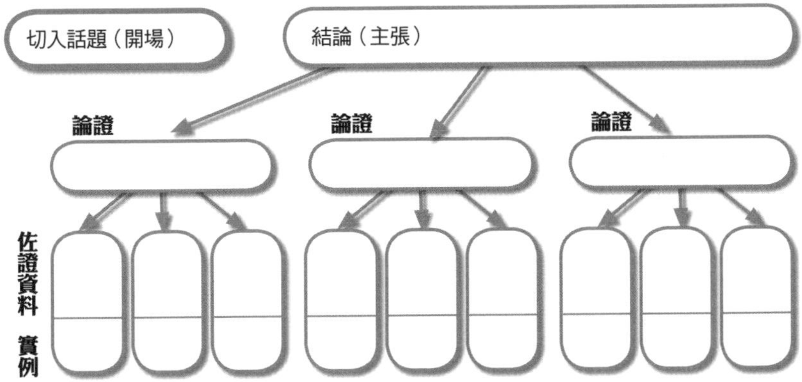

切入話題（開場）
結論（主張）
論證
論證
論證
佐證資料
實例

33 建立良好溝通方式

雙方能正確傳遞訊息，就能提高訊息傳達率。

⊙溝通就像是互相投球

溝通是一種雙向的情報交換，就像是兩個人在互相投球，如果把球丟偏了，對方就接不住。如果能把球丟到正確位置，對方就能確實接住。但是接球的一方如果左顧右盼，好不容易可以接住的球也會漏掉。

對於對方所提出的問題，回答一定要合乎邏輯，而且不能自相矛盾。如果不假思索就回答的話，雙向溝通就無法成立。

即使自己認為回答正確，對方卻不見得那麼想。舉例來說，男朋友問女朋友：「前幾天的休假妳都在做什麼呀？」如果女朋友回答：「你看你看，是古馳（GUCCI）的包包耶！」男朋友可能會覺得女朋友很自私，不重視自己問的問題。

訊息能否正確傳達？

雙方溝通無礙時

在同一話題上有脈絡可循，溝通無礙。
話題轉變時，仍有關鍵詞可繼續銜接。

雙方溝通有障礙

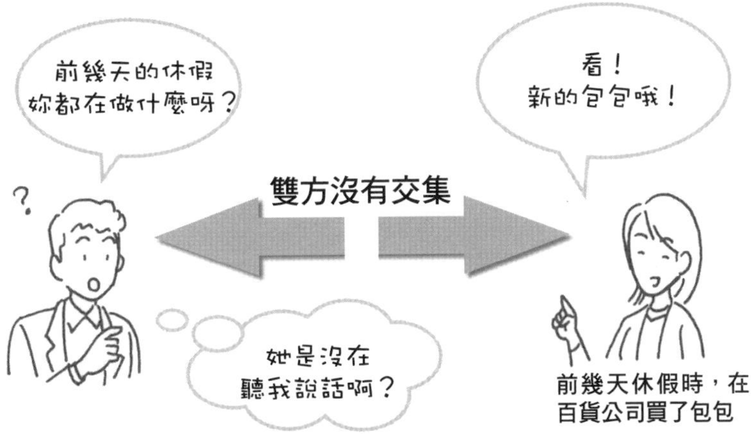

女性雖然回答了問題，但是跳過「在百貨公司買了包包」的部份，讓男友覺得雞同鴨講。

不過，這個女朋友或許覺得自己的回答是正確的。但她若能以男朋友的問題為前提，而回答：「前幾天的休假我去了百貨公司，買了這個古馳的包包。」男朋友應該就能接受，並回答：「那很好啊！」吧！所以，少了幾句話，就可能在小地方上溝通不良。

⦿談話合乎邏輯，就能提高訊息傳達率

訊息傳達率不可能達到百分之百，而且依聽講者和發話者的問題不同，訊息傳達率會有所改變。

如果你是發話者，要先測試談話主題是否能引起聽講者的興趣。如果聽講者對於主題完全沒有興趣，就很難會認真地聽。此外，如果自己的主張是對方無法接受的，聽講者也會有抗拒。為了讓話題更有趣，講點笑話或多加些有趣實例，會比較有效果。說服聽講者時，因人、狀況而異，或許會遇上一些困難，但如果能花點心思，打聽聽講者所關心的事物，就能有所改善。

談話合乎邏輯，就能提高訊息傳達率

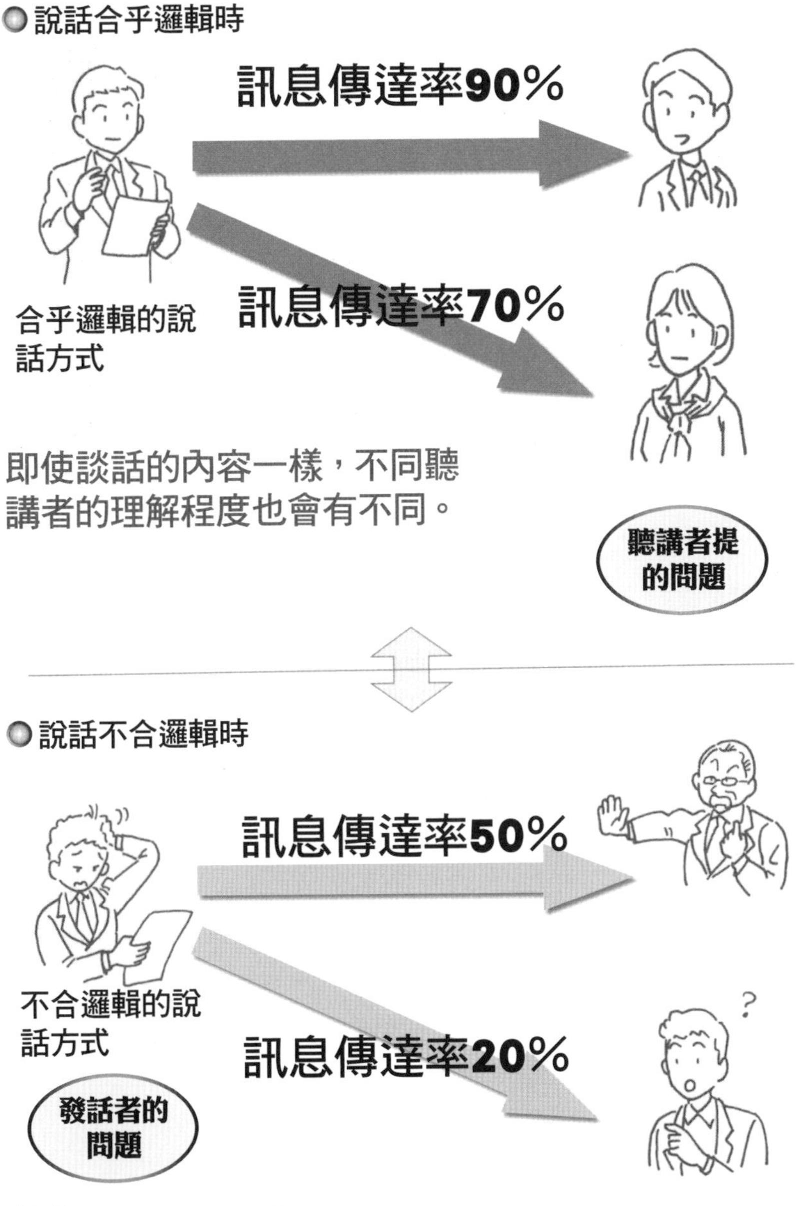

說話合乎邏輯時
訊息傳達率90%
訊息傳達率70%
合乎邏輯的說話方式
即使談話的內容一樣，不同聽講者的理解程度也會有不同。
聽講者提的問題
說話不合邏輯時
訊息傳達率50%
訊息傳達率20%
不合邏輯的說話方式
發話者的問題

34 拉攏談話對象

談話時隨時注意對方想要或不想要聽到的訊息，選擇適合的話題。

⊙先預想「對方想要知道的訊息」或「對什麼東西比較感興趣」

有人說，簡報的成敗決定於最初的五分鐘。聽者最能集中注意力傾聽的時間就是一開始的五分鐘，在這五分鐘當中，聽者會在心中判定：「這個人是否值得信賴」或「這個人講話真有趣」。

舉例來說，在一場四十分鐘的演講中，如果一開始的五分鐘裡，能製造容易拉近距離、讓人會心一笑的話題，就能拉攏聽者的心。

然而，不是一切合乎邏輯，就都是好的。有時候，必須把說理的一面擺在內心，外表上讓對方覺得有親切感。一般來說，正式的場合比較重視邏輯，而在非正式的場合則是有親和力會比較受歡迎。也就是說，要以體貼或善解人意的心，委婉地包住較生硬的

多注意聽講者的反應

最初的五分鐘內要引起對方興趣

例 一場四十分鐘的演講

在最初的五分鐘內，讓聽者成為自己的好朋友

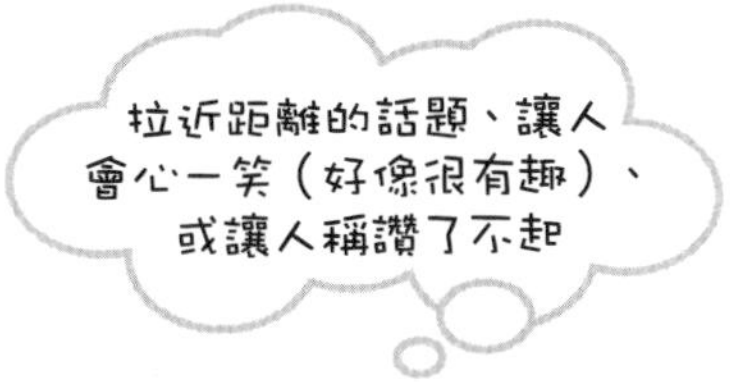
拉近距離的話題、讓人會心一笑（好像很有趣）、或讓人稱讚了不起

開場	5分
第一章	10分
第二章	10分
第三章	10分
結論（結語）	5分

40分

非正式的場合中，以言語巧妙地包裝生硬的邏輯

正式的場合
所以結論是這樣。這個時候……

合乎邏輯的話題比較受歡迎

非正式的場合
細節的部份我們就不談了
不用在意那些小地方！

容易拉近距離的話題比較受歡迎

「邏輯」。

⊙不讓對方感到敵意

即使聽者很認真地傾聽，但如果談到會讓聽講者不快的話題就不好了。

在溝通的術語中，有個名詞叫做事前準備（Readiness），是指聽講者的心理準備（準備狀態）。一種是短時間內不會改變的基本心理準備，如性別、年齡、個性或知識等。另一種是容易改變的心理準備，如心情、疲勞程度、興趣或要求等。好意或敵意、個性合不合等等感覺（Feeling）也是容易改變的心理準備，所以最好事先知道對方心理準備的狀況，因為對方所想要聽或不想要聽的內容，也會不一樣。

判斷聽講者是好意或敵意的心理準備很容易馬上改變，被稱讚就會很開心，被批評就會覺得不愉快。要特別注意的是，一定要避免讓對方感到敵意。一旦讓對方嗅到敵對的氣息，就得花很多時間去平復。

不對聽者抱持敵對的態度

隨時留意對方想聽、不想聽的內容，選擇適當的話題

聽者的特質

容易改變的心理準備
心情（開朗、沉重、焦慮、不安）、好意或敵意、屬性、感覺、關心的事、興趣、優先順序、疲累程度、私人事件、要求等

基本的心理準備
性別、年齡、國籍、地理風水、宗教、行業種類、企業規模、企業文化、部門、工作角色、個性、知識、意願、經驗、事業、嗜好等

避免批判與評論才是上策

被人稱讚會感到開心	被批評會感到不愉快
依據事實來稱讚即可	**即使是事實也不要批評**
●自己以外的成功事蹟	●自己以外的失敗實例
●對方的優點	●對方的缺點
●多找出優點來稱讚	●批評或指責

●避免自我吹噓才是上策。
●多稱讚他人，自己表現不錯時則說「托您的福」。
●避免傳言（非事實）或情色話題才是上策。

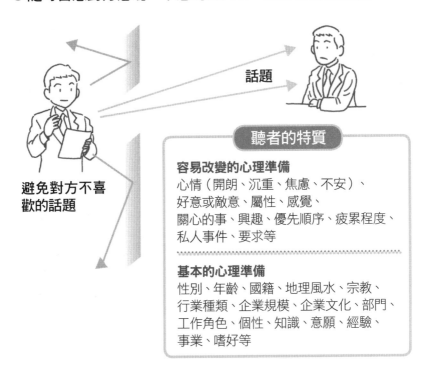

35 讓會議與討論更有收穫

結合邏輯思考、訊息傳達能力，讓會議與討論圓滿成功。

⊙討論不是分勝負

公司經常開會討論各種議題，一場討論，是為了讓大家針對共通的主題，個別提出不同的意見，最後取得共識或認可。彼此傾聽別人說法，如果只是一味堅持己見，就不能算是討論。如果互不退讓、惡言相向，更只是浪費時間。而且，如果說話不合邏輯，也無法取得對方的認同。

討論是一種聚集各方智慧，具有創造性，凝聚共識的活動。先確立主題（目的），然後在討論的同時，表明各自的提案、見解或論證。在大家提出各種想法時，如果能從中產生共識，這場討論就算成功。

要使討論圓滿成功，參加者的溝通能力以及邏輯思考能力是不可或缺的。利用討論

討論的過程相當重要

哪一種討論比較具有建設性？

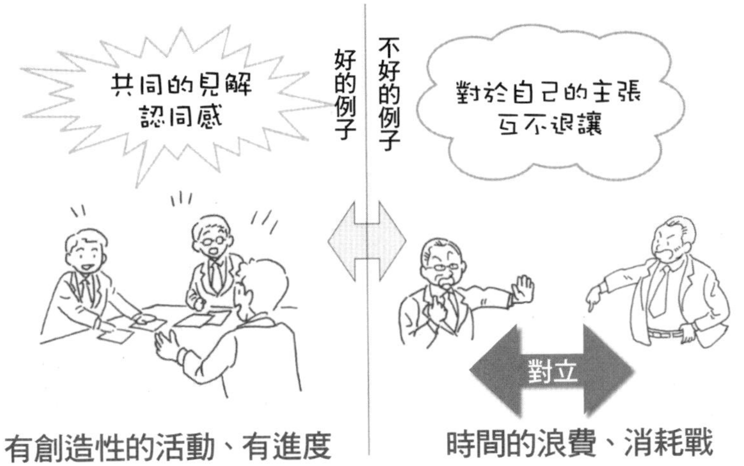

討論是聚集各方智慧、具創造性、凝聚共識的活動

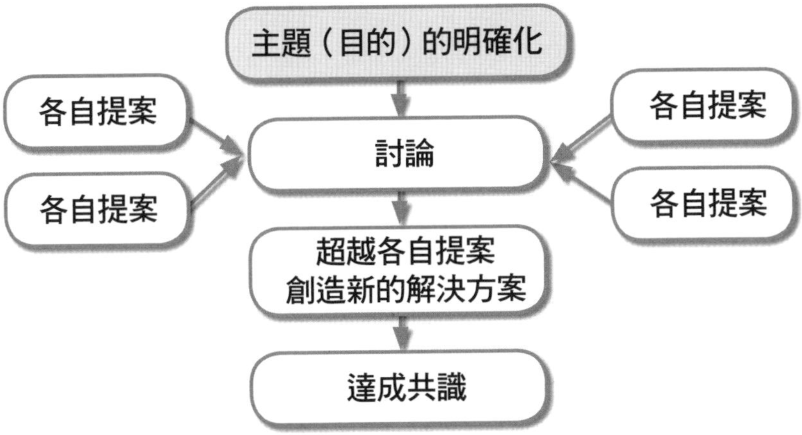

- ●組織性活動必須由關係者的意思共同做決定。
- ●大家一起聚集智慧，並相互溝通的場合。

來提升自己的技能，也是不錯的想法。

⊙不要固執己見，讓更多人提出想法

在討論中，即使突然提出結論，也不見得能達成共識。如果能將過程共有化，就有可能獲得卓越的見解與達成共識。

一場討論的合理流程為「共有」→「擴散」→「聚集」→「決定」（達成共識）。首先使目的及問題意識共有化，再互相提出自己的意見或想法，讓想法昇華（提高至最高境界）。這並非為了尋求妥協或找出一個平衡點，而是為了創造出超越至今各自提出想法的解決方案。如果能創造出讓參加者認同，是比自己提案還要棒的解決方案，所有成員就能達成共識。

邏輯思考，如「思考」、「寫作」、「說話」等，是運用於各種場合的技巧。想要學會邏輯思考，就得理解其思考方式或方法，並運用在日常工作與生活中。在使用其思考方式與方法的同時，能自然地學會邏輯思考方式。

討論需要「提出想法」與「思考能力」

使想法昇華的祕訣在於利用擴散及聚集

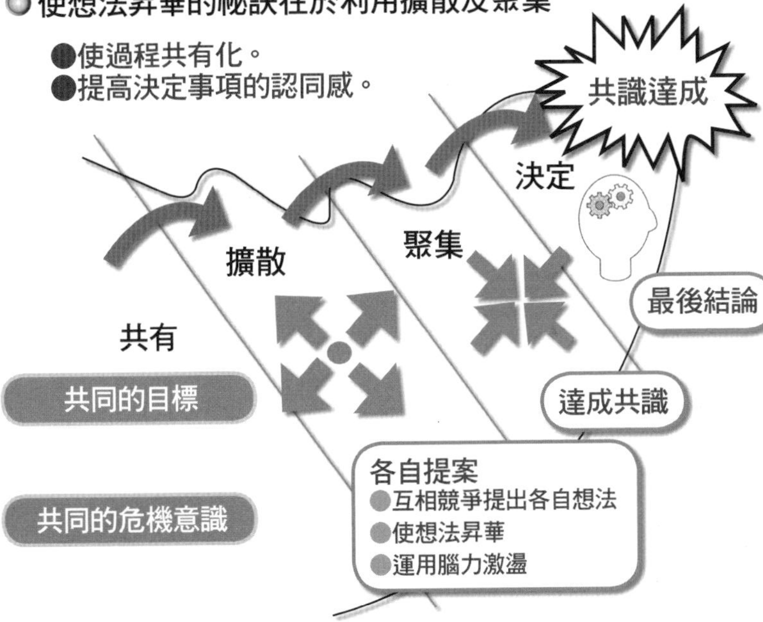
●使過程共有化。
●提高決定事項的認同感。
共識達成
決定
擴散
聚集
最後結論
共有
共同的目標
達成共識
各自提案
●互相競爭提出各自想法
●使想法昇華
●運用腦力激盪
共同的危機意識

討論過程中忌諱的文句

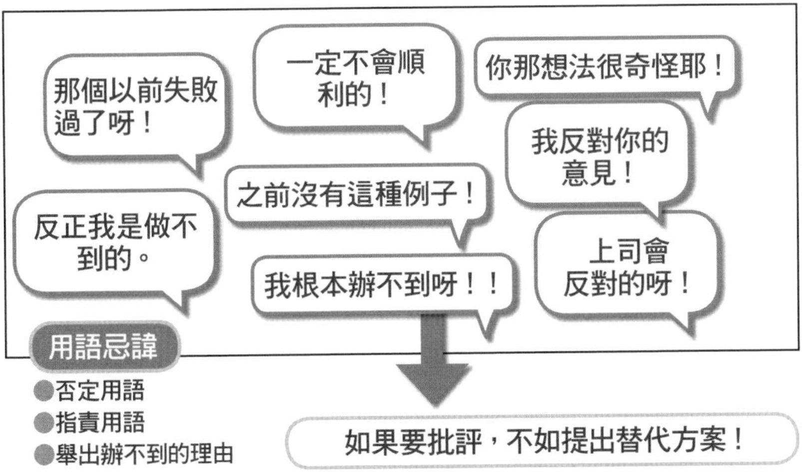
那個以前失敗過了呀！
一定不會順利的！
你那想法很奇怪耶！
我反對你的意見！
之前沒有這種例子！
反正我是做不到的。
上司會反對的呀！
我根本辦不到呀！！
用語忌諱
●否定用語
●指責用語
●舉出辦不到的理由
如果要批評，不如提出替代方案！

按邏輯解決問題的步驟

問題的基本構造圖

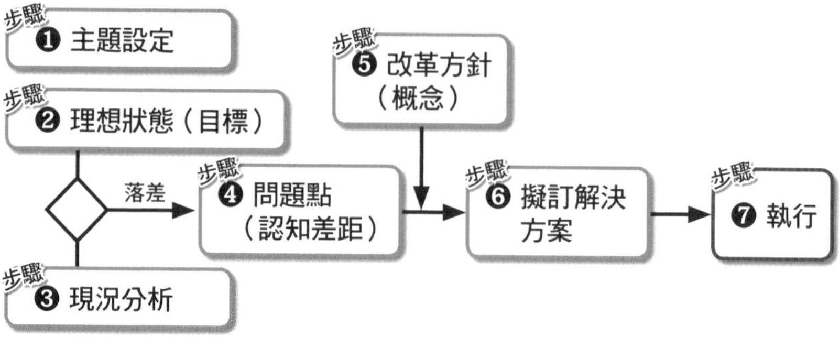

解決問題的基本步驟

步驟 ❶ 主題設定
- 進行先行研究以認知現狀
- 決定主題名稱、目的、前置時間等

步驟 ❷ 理想狀態（目標）
- 將想達成的目標、主題達成後的狀態明確化
- 設定更具體的目標

步驟 ❸ 現況分析
- 掌握現狀的事實資料
- 收集有助於擬訂可行性解決方案的相關情報

步驟 ❹ 問題點（認知差距）
- 把理想狀態與現狀之間的差距視為問題點看待
- 將問題意識共有化、找出解決問題的任何線索

步驟 ❺ 改革方針（概念）
- 將突破現狀的改革方針明確化
- 將解決問題的基本想法（概念）明確化

步驟 ❻ 擬訂解決方案
- 朝向理想目標，擬訂具體的解決方案
- 製作執行計劃，確保必要人員及預算

步驟 ❼ 執行
- 解決方案的執行與執行結果的評估
- 修正措施及主題的完成

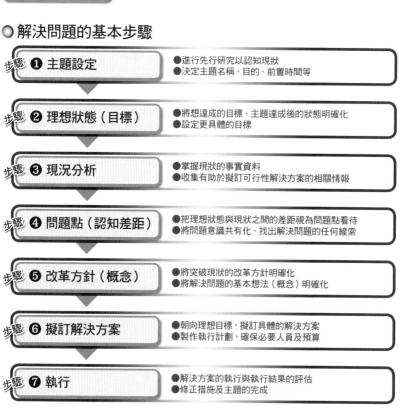

符合邏輯的意思決定流程

確立評估標準，多方思考不同的替代方案（決策流程）

主題設定（確立目標）
- 正確掌握「究竟問題在哪裡」
- 將「目的」明朗化
- 決定概略的評估標準

替代方案（其他選項）（思考替代方案）
- 列舉具可能性的「替代方案」
- 將可行的替代方案減縮成幾個
- 將減縮後的替代方案具體化

預測結果（是否會有好的結果？）
- 費用或效果為何？弄清每個替代方案所預測出的結果

評估標準（令人認同的評估標準）
- 具體決定其評估標準

風險評估（風險也得列入考慮）
- 考慮到所有風險
- 評估替代方案的風險

綜合評估（可認同的評估結果）
- 評估替代方案
- 整理評估結果

預測結果（遵從決定）
- 選出最優秀的方案
- 選定後立即執行

不合邏輯且「沒有交集的談論」只會浪費時間

贊成派（應該這麼做！） ⟷ 對立 ⟷ 反對派（不該這麼做！）

- 自我吹噓與相互批判，無法使討論繼續進行。
- 解決方案無法提高水準，只會浪費時間。

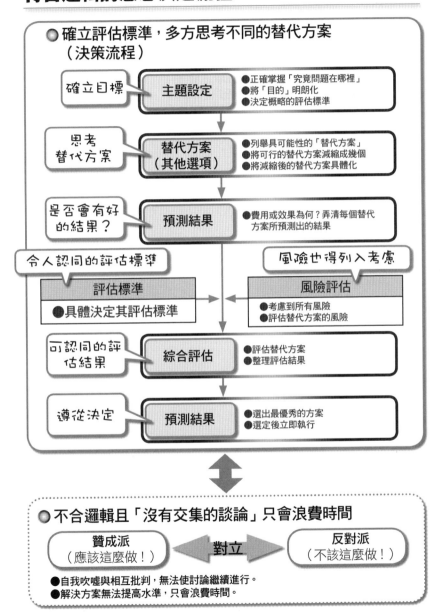

國家圖書館出版品預行編目資料

邏輯思考法圖解 / 西村克己著；柳俊帆譯. --初版.
-- 臺北市:商周出版:家庭傳媒城邦分公司發行,2007[民96]
176面；21公分. --（新商業周刊叢書；662）
譯自：論理的な考え方が面白いほど身につく本
ISBN 978-986-477-414-2(平裝)

1.思考　2.理則學

176.4　　107001692

新商業周刊叢書662

邏輯思考法圖解　論理的な考え方が面白いほど身につく本

作　　者　西村克己
譯　　者　柳俊帆
總 經 理　彭之琬
總 編 輯　陳美靜
文字校對　魏秋綢
責任編輯　林徑、李韻柔

發 行 人　何飛鵬
法律顧問　台英國際商務法律事務所　羅明通律師
出　　版　商周出版　城邦文化事業股份有限公司
臺北市中山區民生東路二段141號9樓
電話：(02) 2500-7008　傳真：(02) 2500-7759
E-mail：bwp.service@cite.com.tw
發　　行　英屬蓋曼群島商家庭傳媒股份有限公司　城邦分公司
臺北市中山區民生東路二段141號2樓
讀者服務專線：0800-020-299　24小時傳真服務：02-2517-0999
讀者服務信箱E-mail：cs@cite.com.tw
劃撥帳號：19833503　戶名：英屬蓋曼群島商家庭傳媒股份有限公司城邦分公司
訂購服務　書蟲股份有限公司客服專線：(02)2500-7718；2500-7719
服務時間：週一至週五上午09:30-12:00；下午13:30-17:00
24小時傳真專線：(02)2500-1990；2500-1991
劃撥帳號：19863813　戶名：書蟲股份有限公司
E-mail：service@readingclub.com.tw
香港發行所　城邦(香港)出版集團有限公司
香港灣仔駱克道193號東超商業中心1樓
電話：(852) 25086231　傳真：(852) 25789337
馬新發行所　城邦(馬新)出版集團
Cit　(M) Sdn. Bhd.
41, Jalan Radin Anum, Bandar Baru Sri Petaling, 57000 Kuala Lumpur, Malaysia.
電話：(603)90578822　傳真：(603) 90576622
E-mail: citekl@cite.com.tw
印　　刷　韋懋實業有限公司
總 經 銷　高見文化行銷股份有限公司
電話：(02)26689005　傳真：(02)26689790　客服專線：0800-055-365

■2007年3月19日初版　
■2016年7月8日二版8刷
■2022年2月25日三版3.4刷

RONRITEKI NA KANGAEKATA GA OMOSHIROI HODO MI NI TSUKU HON

First published in Japan in 2005 by KADOKAWA CORPORATION, Tokyo.
Complex Chinese translation rights arranged with KADOKAWA CORPORATION, Tokyo.
定價／260元　ISBN／978-986-477-414-2

城邦讀書花園
www.cite.com.tw